U0816558

ZHIHUI RONGHE:
HUNHESHI JIAOXUE YU XINLI JIANKANG JIAOYU TANJIU

智慧融合：混合式教学与心理健康教育探究

刘天月 ◎著

中国书籍出版社
China Book Press

图书在版编目（CIP）数据

智慧融合 ： 混合式教学与心理健康教育探究 / 刘天月著. -- 北京 ： 中国书籍出版社， 2024. 10. -- ISBN 978-7-5241-0026-3

Ⅰ. G444

中国国家版本馆CIP数据核字第2024U99Y39号

智慧融合：混合式教学与心理健康教育探究

刘天月 著

图书策划	尹 浩 李若冰
责任编辑	李 新
责任印制	孙马飞 马 芝
出版发行	中国书籍出版社
地 址	北京市丰台区三路居路 97 号（邮编：100073）
电 话	（010）52257143（总编室）（010）52257140（发行部）
电子邮箱	eo@chinabp.com.cn
经 销	全国新华书店
印 刷	天津和萱印刷有限公司
开 本	710 毫米 ×1000 毫米 1/16
字 数	220千字
印 张	11.5
版 次	2025 年 1 月第 1 版
印 次	2025 年 1 月第 1 次印刷
书 号	ISBN 978-7-5241-0026-3
定 价	67.00 元

前言

在数字化、信息化浪潮席卷全球的今天，教育领域也迎来了前所未有的变革。智慧教育作为这一变革的核心，不仅推动了教学模式的创新，也深化了我们对教育本质和目标的理解。在这一背景下，混合式教学和心理健康教育成为两大重要内容。混合式教学将传统课堂教学与在线教学结合，打破了时间和空间的限制，使学生能够更灵活地学习，同时保留了教师面对面指导的优势，提高了学习效率和效果。心理健康教育则是培养学生健康心理、促进学生全面发展的重要途径。在现代社会的快节奏和高压力环境中，心理健康问题日益凸显，对学生的健康成长造成了严重影响。因此，加强心理健康教育、提高学生的心理素质成为教育领域亟待解决的问题。

鉴于此，本书将混合式教学与心理健康教育相结合，探究如何通过混合式教学模式促进学生心理健康的全面发展。首先阐述混合式教学的理论依据、特征与要求，以及服务体系的构建，并对混合式教学系统的优势、技术支撑和网络教学平台的建设进行详细分析；其次论述混合式教学模式的设计创新及其在心理健康教育中的应用；最后特别强调混合式教学与心理健康教育的紧密联系，探讨二者融合的必要性和可行性，并提出了构建良好融合环境的策略。

全书理论与实践相结合，既有深入的理论分析，也有丰富的实践案例。本书采用系统化和逻辑化的叙述方式，使读者能够清晰地把握混合式教学与心理健康教育融合的全貌。本书还注重启发性和可读性，通过生动的案例和深入浅出的解释，使读者能够轻松理解书中的观点和方法。相信通过本书的阅读，读者将能够全面而深入地了解混合式教学与心理健康教育的融合之道，为教育实践提供有益的借鉴和参考。

刘天月

2025 年 2 月

前言

目录

第一章　混合式教学概论

随着信息技术的迅猛发展，教育领域正经历着一场前所未有的变革。在这场变革中，一个引人注目的现象便是混合式教学的崛起。混合式教学是将传统课堂教学与在线学习有机结合，旨在通过多元化的教学方式和策略，为学生提供更为丰富、灵活和个性化的学习体验。本章深入探讨混合式教学的理论依据、特征要求以及服务体系。

第一节　混合式教学的理论依据

一、建构主义理论

最早提出建构主义思想的是维果斯基。建构主义认为，每个个体的认知方式以及认知过程是有区别的。因此，每个人的学习结果以及学习状态也是无法提前预测的。“教学本身的任务不是控制学生的学习，而是促进学生的学习”[①]。随着网络在教育领域的应用和发展，关于建构主义的理论也在不断发展和完善，进行教学设计时重点并不是在教学目标上，而是在学生的发展上，要以学生为中心，构建能够促进学生进行知识内化的外部和内部环境，促进学生知识的吸收和能力的获得。在这个过程中，教师只是学生学习过程的辅助者和促进者。建构主义主张因材施教，充分发挥学生的主观能动性，每个学生都应有与教师直接对话的机会，教师只是学生学习的引导者，不是主导者。

建构主义是培养学生创造能力的好方式，它能够最大限度地激发学生的积极性和主动性，尤其对于学生理解复杂知识以及高级技能的习得方面更是有着得天独厚的优势。建构主义学习环境具有真实学习情景、合作学习、注重问题解决等特色，所有的学习环境都依赖于技术，以使环境易于操作，计算机以及相关技术在建构主义学习的实现过程中发挥着举足轻重的作用。建构主义理论认为，学习需要发生在情境中，在社会交往以及与周围环境的交互过程中，在

① 郭娟. 高校混合式教学改革与创新 [M]. 北京：中国商务出版社，2023：6.

解决问题的同时获得技能，在这样的过程中，学生掌握着学习进程的主动权，构建好的学习目标。

混合式教学模式最大的特点就是强调了学生的主体地位，混合性即为多样性，学生的个体特征本就是多样的。根据学生的状态选用最适合他们的模式，从学习环境、学习内容、学习方式到学习评价，依据学生的主体需要进行混合，课前通过学习任务单的设置为学生的自主预习提供引导和方向，从而培养学生独立思考的能力、独立学习的能力以及自我消化的能力；对于不理解的地方既可以在课前与教师进行一对一交流，也可以通过学生之间的讨论获得新的启发。在课堂中，由于学生已经预先构建了基础知识，教师也可以对于知识的深度及广度进行扩展，拓宽学生的思路；课后利用已经拥有的资源，让学生根据课前与课中的学习，进行课后的自我巩固和反思，真正实现知识的内化。

二、人本主义理论

人本主义与行为主义学派、精神分析学派并称为三大势力，它的代表人物是马斯洛、罗杰斯等。人本主义理论指出，人的学习是个人潜能充分发展的过程，教育活动应该是一个有机的过程。因此，教育应该关注的是如何持续不断地供给学习者有关学习的热情。

教学的过程就是促进学生发展的过程，要促进学生发展就要选用合适的教学方法。合适的教学方法产生的条件包括：①要选用合适的教材，教材要与学生已有的知识体系和能力水平相匹配，以方便学生自主学习。②教师要会教学。教学是一项技术含量很高的工作，教师不仅要能教学，更要会教学，要懂得如何因材施教。③要有意识地培养学生自主学习的能力，培养学生自主学习的习惯。社会的不断发展依赖的是人的能力多样性以及他们蓬勃的激情、独立的个性。社会的快速发展使人们关注的焦点越来越功利化，人们过多地关注成绩，却忽视了能力。人本主义学习理论认为，教师的任务不应当只是传道、授业、解惑，更主要的是要能够为学生创造学习的环境和条件，为学生创设出自主学习的氛围，培养学生自主学习的能力，它倡导的是一种自由式的、以学生为中心的教学观。

混合式教学模式在教学的过程中实现了一个质的突破，它的特性决定了它有很强的包容性。首先，就教材而言，凡是能够为学生学习服务的皆可以取之服务于学生；其次，混合式教学模式也是一种开放的模式，就教师主体选择而言，同样的内容、不同的教师施教后也会取得不同的教学效果。混合式教学模式的开放性提供了广泛的选择性，可以通过科技手段实现教师的空间流动，人尽其才；最后，混合式教学模式也是一种灵活多变的教学模式，从培养学生能力方面来看，由于它没有固定的模式，环境的混合、资源的混合、教学方式的混合，都是建立在适应学生自身发展基础之上的，目的都是为了促进学生知识的吸收以及能力的发展，力求能够实现真正的因材施教。它只有一个宗旨，即以学生为中心，为学生服务。

混合模式的使用使得不管是教材还是教师都能够实现最大限度地适合学生、有利于学生，这样的模式也能够充分实现学生能力的发展。该模式进行任务单的设置，将自主学习与合作学习相结合，既培养了学生独立思考的能力，又锻炼了学生的团队协作能力，并且实现了优质资源的共享与运用。课堂中根据学生课前的预习内容，以及预习情况，进行师生间互动活动的设计，教师担当引导者的角色，用问题引发学生的思考，根据学生课前预习反馈情况进行深入的探究讨论，培养学生的发散性思维，以及深入探索能力，充分挖掘学生自身的学习潜力。课后利用小规模限制性在线课程（SPOC 课程）平台以及相关平台拓展资源，拓宽了学生学习的地理边界、时间边界、知识边界，培养学生自主探究的学习习惯，形成终身学习的性格特征，同时也减轻了教师的工作量。使用 SPOC 平台的后台系统监测，进行大数据分析，用科学的方法对学生学习情况进行有效的评测，实现针对学生的个人特点与个性特征的教学改进，这些特点无疑都是人本主义中“以学生为中心，为学生服务”理念的最好体现。

三、掌握学习理论

掌握学习[①]由布卢姆于 1976 年最先提出，旨在解决个体差异的问题。掌握学习能提高学生的成绩，尤其能提高成绩较差学生的成绩。掌握学习能导致许多重要的情感目标，如增强学生对学科的态度和较为积极的学业上的自我概念。掌握学习这一理论的提出为教育界带来了深刻的启示，它不仅为教学实践提供了理论指导，而且为教学方法和教学模式的创新提供了重要的思想支撑。

第一，理解教育目标的三个领域，即认知领域、情感领域和动作技能领域。在每个领域中，教育目标都可以按层次由简单到复杂地进行分类，进一步将每一个类别区分为若干个亚类。只要在教学过程中适当关注主要变量，就有可能使绝大多数学生都达到掌握的水平。掌握学习教学理论对于设计混合式教学模式具有重要的指导作用。

第二，在混合式教学模式中，部分教学任务转移到课下进行，这意味着学

① 掌握学习是指在学习新内容之前，确保所有的或几乎所有的学生对某一确定的知识、技能的学习都达到预定的掌握水平。

习者有充分的时间自由支配，可以根据自身情况选择合适的学习进度和方法。通过完成教学任务、观看教师录制的视频以及自主学习资料，并完成在线测试，可以判断对基本知识的掌握情况，对未掌握的知识进行二次学习，只有掌握后才能进入下一个阶段的学习。这种自主学习的方式有利于学生深入理解知识，并培养其自主学习和解决问题的能力。

第三，教师应该为学生设定明确的教学目标，包括学生应该达到的程度、具体应用的学习方式以及需要达成的指标等，使学习者有明确的学习方向，同时激发学习动力。明确的目标有助于学生了解自己的学习任务，从而更加有针对性地进行学习，提高学习效率。

第四，在保证基础知识掌握的前提下，教师可以为材料引申、拓展学习部分，划分不同的难度水平供学习者选择。这样的做法有助于打破教学过程中存在的进度一致、步调一致的问题，使学生的个体差异得到尊重。通过差异化的教学设计，可以更好地满足不同学生的学习需求，激发学生的学习兴趣，提高学习积极性。

四、认知主义理论

认知主义理论源自格式塔心理学派，旨在探索人类对客观世界的认知和知识获取方式。认知主义认为，人类通过内部心理活动对外界事物进行反映，并将这种反映形成知识，而这种知识是可以迁移的。因此，认知主义强调通过教学来实现知识迁移的目的，同时也注重环境对学习过程的影响，但认为这种影响必须经由学生内部心理过程实现。在认知主义的理论框架下，学习被认为无处不在，生活中的点点滴滴都是潜在的学习机会。

第一，认知主义强调了认知地图的概念。认知地图不仅包括了知识的获取，还涉及对学习目标、学习过程、学习途径以及学习手段的清晰认知。这意味着学习者不仅仅是被动地接受知识，更是在学习过程中主动地构建自己的认知框架。这一过程需要对认知过程进行研究，重点关注学习的目的性和认知性。因此，学习的实质被理解为将学习内容进行符号化和表征化，并将这些表征应用于实际问题的过程。这一过程是通过内部心理活动实现的，包括内在的编码和组织，强调了意识在学习过程中的重要性。在教学中，需要重视学生的心理结构和认知地图的形成，以及学生原有的学习策略、态度、经验等因素对学习效果的影响。

第二，认知主义理论指导下的教学模式，将学生的心理发展状态纳入了教学设计的考量之中。在教学策略和教学内容的选择上，教师会更加关注学生原有的认知结构，以及如何与之契合。这种针对学生个体差异的教学设计，可以激发学生的主动性和积极性，促进其更好地参与学习。混合式教学模式的兴起，则是教育理论和科学技术结合的产物，其理念在于通过适当的技术和风格，传递适当的能力给适当的学习者，在取得最优教学效果的同时，结合了传统教学的高效性与网络教学的自由与共享性。在这个过程中，教师不仅扮演着引导、启发和监督的角色，还能够充分发挥学生的积极性、主动性和创造性，实现知识的有效迁移和学生能力的获得。

认知主义理论强调了学习者的主动性和内在心理过程在知识获取和迁移中的重要性。它认为学习不仅是被动接受知识，更是一个主动的认知过程，需要学习者通过对外部信息的内部加工和转化来构建自已的认知结构。这种认知结构的形成受到多种因素的影响，包括个体的学习策略、态度、经验、情感、信念和价值观等。因此，在教学设计中，应该充分考虑学生的个体差异，创设能够激发学生学习积极性和主动性的教学环境。教师也需要不断调整教学方法，以适应学生的认知水平和学习需求，从而实现最佳的教学效果。

认知主义理论也强调了环境在学习中的作用。尽管认为环境的作用必须经过学生内部心理过程的转化，但环境对学习的影响仍然不可忽视。教学环境的优化能够促进学生的学习动机和学习兴趣，为其提供更有利于学习的条件。在这方面，混合式教学模式的出现为教学环境的优化提供了新的途径，通过融合传统教学和网络教学的优势，为学生创造更加灵活、自由的学习环境，使得学习过程更加丰富多样。

五、教学交互理论

在信息交互与社会交往的大背景下，教学交互已成为教学活动中不可或缺的一个环节。无论何种形式的教学活动，都离不开一定程度的交互，因为交互是教学活动发生的必要媒介。教学交互则与传统的人机交互不同，其目标在于促进教师与学习者之间的沟通与理解，在引入某种技术的基础上，推动教学活动的高效完成。一些学者将教学交互分为两种状态：①适应性交互，即学习者与教师构建的环境之间交互，如学生对教学平台的操作过程；②对话性交互，即学生与教师之间的交互，主要包括学习者与教学要素、资源信息之间的交互。

（一）等效交互理论

等效交互理论是安德森从节约时间和经济成本的角度提出的，其基本思想是各种类型的交互转换可以相互转换和替代。等效交互理论指出教师与学生、学生与学生、学生与学习内容这三种交互类型，如果有一种类型是高频率交互，那么其余两种交互频率就会少，甚至没有，但是有意义的正式学习仍然得到支持，且不会降低教学体验；如果三种教学交互中有两种或两种以上的交互类型是高频率交互时，有可能产生更满意的教学体验，但需要花费更多的时间成本和经济成本。在混合式教学实践中，不能一味追求教学交互频率或交互水平达到最高，而忽略其他成本的投入，因为实际教学中的教学时间是有限的，需要综合考虑教师和学生的时间比例及经济成本。

（二）交互影响距离理论

交互影响距离理论指出交互影响距离不是物理距离，而是由物理距离、社会因素等导致的师生在心理上产生的距离。“结构”与“对话”是交互影响距离的两个要素，其中结构与交互距离是正比的关系，而对话与交互影响距离是反比的关系。结构化程度高的课程，师生间的对话较少，交互影响距离最大；相反，结构程度低（结构灵活），对话会增多，时间的交互影响距离随之减少。从学习者的角度看，交互影响距离越大，学习者的自主性要求越高。

交互影响距离是人与人之间的心理距离感。在混合式教学中，培养学生的自主学习能力是其中一个目标，而这个自主性又与交互影响距离有联系，因此面对面教学交互设计、非面对面的交互设计等都要基于交互影响距离理论来进行,尽量让学生与教师之间及学生与学生之间有一个比较合适的交互影响距离。

（三）教学交互层次塔理论

教学交互层次塔理论作为陈丽教授站在建构主义学习理论基础上提出的理论框架，旨在揭示和解释远程教学中的教学交互特征与规律。教学交互层次塔理论将教学交互分为三个层次，即操作交互、信息交互、概念交互。操作交互是最基础、最具体的交互形式，它主要涉及学生对教学内容的操作、实践。例如，在数学课上，学生进行数学运算、绘制图形等操作就属于操作交互的范畴。信息交互介于操作交互与概念交互之间，它强调学生获取和理解教学内容的信息，如通过阅读教材、观看视频等方式获取知识。概念交互是最高层次、最抽象的交互形式，它要求学生能够将所学知识进行整合、思考，并与已有知识进行连接和拓展，形成自己的概念体系。

教学交互的目的在于引导学生获取和建构自己的知识体系，最终达到概念交互的层次。然而，高级交互层次不是一蹴而就的，而是需要通过低级的操作交互和信息交互逐步提升。因此，在混合式教学中，教师应当充分利用教学交互层次塔理论，为学生提供足够的低级交互机会，从而为其上升到概念交互层次打下基础，并引导学生向更高层次发展。

具体来说，教学交互层次塔理论对混合式教学模式的指导作用主要体现在以下方面：首先，教师与学生之间的交互应当遵循便利性和高效性原则。无论是在线上还是线下，教师应当及时与学生进行交互，解答疑问、提供反馈等，以促进学生的学习效果。这要求教学平台提供即时的交互功能，保证师生之间的有效沟通。其次，教师应当与教学平台之间实现便捷的交互。这包括教师上传课程资源、设置在线课堂环境、设计教学任务等方面。平台应当提供友好的界面和人性化的功能设置，使得教师能够轻松地进行教学设计和管理，提高教学效率。

对于学生而言，教学平台的人性化设计也至关重要。学生需要在舒适的环境中学习，平台应当注重页面美观性、操作便利性等方面的设计，以提升学生的学习体验。

六、香农－施拉姆传播理论

香农－施拉姆传播理论强调了双向互通的循环式信息传输模式，与传统的单向信息传播模式有着本质区别。该理论由克劳德·香农和威廉·施拉姆于 20 世纪中叶共同提出，是基于香农传播模式的延伸和发展。首先，香农－施拉姆传播理论强调了信息传播活动中信源和信宿之间的互动关系。信源是信息的发出者，他们根据自身的经验领域将信息编码成信号进行传递；信宿则是信息的接受者，他们根据自身的经验领域将接收到的信号进行译码还原为信息。这两者的经验领域必须有一定的交叠部分，传播才能成功。信息的传递并非简单的信息发送与接收，而是在双方经验领域的交互中完成的。这种互动过程使得信息传播变得更加复杂，但也更贴近实际情况。其次，香农－施拉姆传播理论中的反馈机制被认为是信息传播过程中的关键因素。反馈机制使得信息传播不再是单向的，而是双向的。在传统的信息传播模式中，信息的发送者往往无法获知信息的接收情况，这可能导致信息传达的失效。而有了反馈机制，信息的发送者可以通过接收到的反馈了解到信息的接收情况，进而调整自己的传播策略。这种双向的信息交流使得传播活动更加灵活和高效。

反馈也对于双方的经验领域扩展起到了积极作用。当信宿接收到信息后，经过大脑加工后将其转化为自己的知识或经验，从而扩展了自己的经验领域。随着信息的积累，信宿的经验领域将得到进一步的扩展，这表明传播的效果更好。通过反馈将自己获得的信息返回给信源，使得信源可以了解自己的信息是否被完全正确地接收和理解，从而改进传播活动。因此，反馈不仅促进了信息传播的有效性，也促进了双方经验领域的扩展和进步。

在混合式教学模式中，香农－施拉姆传播理论提供了重要的指导意义。在施教过程中引入反馈机制是非常重要的。通过设置在线测试、留言板等环节，教师可以及时了解学习者的学习情况，从而调整教学计划，增加教学的针对性与指向性。这样的反馈有助于确保教学活动能够更好地满足学生的学习需求。

混合式教学的教师需要建立与学习者的共同经验领域。这意味着教学内容的设计应该考虑到学生的认知水平和学习兴趣，确保起点在学生可以接受的范围内。教师也需要合理兼顾开发学习者新的领域边界，尽量向外延伸学生的经验领域。在教学过程中，加入反馈机制能够帮助教师把握学习者的学习效果和疑问，从而更有针对性地进行教学。

第二节　混合式教学特征与要求

一、混合式教学的特征

“混合式教学是把在线教学和传统教学的优势结合起来的一种教学模式，是当前教学研究的热点”①。当代教育理论强调学习过程的多样性，包括程序性学习和启发性学习两个重要方面。程序性学习侧重于知识的记忆和应用，而启发性学习则注重学生的思维活动和创造性思考。混合式教学设计正是为了促进这两种学习模式的有机结合，从而更好地满足学生的学习需求，提高高等教育的质量和竞争力。下面从两个方面对混合式教学的特征进行探讨：

第一，自主在线学习。自主在线学习通过提供多样化的学习资料和活动，使学生能够随时随地进行学习，满足个性化学习的需求。然而，这种学习方式也存在片段化、缺乏整合性的问题。而课堂互动则通过教师和学生的互动，促进知识的内化和思维的活跃，是启发性学习的重要环节。

第二，课堂互动。在课堂互动环节，教师可以采取基于问题或项目的学习方式。基于问题的学习强调学生通过解决问题来应用所学知识，并通过讨论和评价加深对知识的理解。而基于项目的学习则更加注重学生的实践能力和综合运用能力，通过实际项目的设计和完成来达到学习目标。这两种方式都能够促

① 田宇. 线上线下混合式“专业英语”教学的设计与构建 [J]. 科教导刊，2020（20）：118.

进学生的主动性和创造性，提高学习效果。

二、混合式教学的要求

信息技术与课程教学深度融合并非单纯的技术与课程关系，而是一个需要以培养怎样的人才为目标的“系统工程”，至少需要从教学设计、教学实施和学业评价三个方面做整体规划和系统设计，需要探索技术与课程深度融合的方式方法，重点做好教学设计。教学具有目的性，因为教师总是为了某一目的而教，从根本上看是为了帮助学生学习。为了达成“帮助学生学习”的目标，做好混合式教学的教学设计就显得尤为重要。

教学设计是指针对特定教学目标与教学对象，对教学资源与过程的计划与安排，也称为教学系统设计、教学系统开发、教学开发。教学设计是一门涉及理解与改进教学过程的学科，任何设计活动的宗旨都是提出达到预期目的的最优途径。

（一）混合式教学类别的定位要求

混合式教学模式作为一种教学手段，主要面向在校学生，教学运作方式完全取决于任课教师的教学理念和对课程教学目标的定位。深入探讨混合式教学类别的定位要求，需要从三个主要方面着手，即以知识传授为主的定位、以能力培养为主的定位，以及以素养提高为主的定位。

1. 以知识传授为主的定位

以知识传授为主的定位侧重于将课程内容以章节为单位划分，通过配套作业、测试题等方式对学生进行知识强化，从而使其内化所学知识。这种教学定位模式在传统课堂教学和在线课程教学中广泛采用。传统课堂教学中，教师可以通过讲授、示范等方式传授知识，并通过课后作业、考试来检验学生的掌握程度。而在线课程教学则更加灵活，教师可以根据学生的实际情况设置教学大纲、视频教学、作业等内容。丰富的数字化教学资源为教师提供了更多的支持，使得教师可以更好地融合信息技术与课程教学，提升自身对课程知识的掌握程度，丰富学生的学习内容，实现课程教学向更深度学习的转变。

在以知识传授为主的定位中，前测题是至关重要的环节，它可以在学生进行课堂讨论之前对他们进行测试，帮助学生检验自己是否理解了前面的内容，并且及时纠正错误。对于前测题的处理方式有两种：一种是在学习过程中弹出测试题，另一种是在章、节学习结束后进行作业和测试。通过前测题，教师可以发现学生的问题并组织课堂讨论，以更好地引导学生。

2. 以能力培养为主的定位

以能力培养为主的定位更加注重学生的综合能力培养，特别是“4C 核心能力”（批判性思维与问题解决能力、创新与自主学习能力、沟通能力与合作精神、跨文化理解与全球意识）的培养。在高校物理混合式教学中，教师需要将课程知识与相关能力进行有效结合，构建以问题为导向的教学模式，加强实践环节，鼓励学生自主学习和科学探究。在线学习中，学生必须具备较强的学习动机和自主学习能力，而教师则需要将在线教学、课堂教学和实践环节有机整合，以循序渐进的方式开展协作学习，培养学生的交流沟通能力、批判性思维能力、创新与自主学习能力等，为其未来的职业发展打下坚实基础。

3. 以素养提高为主的定位

以素养提高为主的定位强调的是学生核心素养的培养，这些素养包括文化层面的人文底蕴和科学精神、自主发展层面的学会学习和健康生活，以及参与社会层面的社会担当与实践创新。在高校物理混合式教学中，教师需要在课程设计和教学模式上兼顾这些素养的培养。具体而言，教师可以在教学设计上增加科学前沿进展和中国科学家的相关工作，提高学生的民族自豪感和社会服务意识。教师还需要营造积极向上的学习环境，鼓励学生通过自主学习、协作学习等方式开展科学探究活动，培养学生的职业素养，从而实现素养的提高。

（二）混合式教学活动的因素要求

混合式教学是一种整合了线上和线下教学元素的教学模式，其设计需要考虑多方面的因素，以确保教学的有效性和学生的学习体验。下面从在线教学活动、课堂讨论活动和线下实践活动三个方面探讨混合式教学活动的因素要求。

1. 在线教学活动的必要因素

在线教学活动的设计需要关注以下方面的因素：

（1）学生个性化学习路径的确定。在混合式教学中，学生需要根据自身情况确定学习路径，这体现了在线学习的个性化特点。为此，教师应提供丰富多样的教学资源，包括教学视频、小测试、单元作业等，以满足不同学生的学习需求。

（2）教学资源的有效利用。教学视频是在线学习的重要资源之一，通过合理运用视频资源，可以提高学习者的注意力和学习动机，增强学习成效。在在线教学环节的设计中，应包含学习者与内容的交互，例如设置进阶题目、问答题等，以促进学生对知识的深入理解。

（3）互动与反馈机制的建立。在线学习应该提供多样化的交互形式，包括学习者之间的交流和学习者与教师的互动。通过学习平台上的讨论区或在线助教的支持，学生可以解决学习过程中的问题，获得及时的反馈和指导，从而提高学习效果。

2. 课堂讨论活动的必要因素

课堂讨论活动是混合式教学中的重要组成部分，其设计需要考虑以下因素：

（1）学生的主动参与。课堂讨论可以促进学生的主动学习，提高他们对知识的理解和应用能力。因此，教师应设计引导性问题，激发学生的兴趣，鼓励他们积极参与讨论。

（2）小组合作与互动。小组讨论是课堂讨论的常见形式之一，通过小组合作，可以增强学生之间的合作意识和团队精神，提高他们的学习效果。

（3）问题设计的多样性与难度。在课堂讨论中，问题的设计应该考虑到不同层次学生的需求，既包括对概念的理解与记忆，也包括对概念的应用、分析与评价。问题的设计应具有启发性，引导学生思考，促进他们的深层次学习。

3. 线下实践活动的必要因素

线下实践活动是混合式教学的重要环节，其设计需要考虑以下方面的因素：

（1）评价机制的建立。线下实践活动的评价应该兼顾学生自评、互评和教师评价，评价指标可以包括独创性、工作量、完成度和课堂展示等方面，以激励学生培养创新精神和团队合作能力。

（2）实践与理论的结合。线下实践活动应与课程理论内容相结合，通过实践操作和虚拟实验等方式，加深学生对理论知识的理解和应用。

（3）创新教学模式的探索。针对不同课程的特点，可以探索不同的混合式教学模式，如“在线学习 + 课堂讨论 + 线下实践”的模式，以提高教学质量和学生的学习兴趣。

第三节　混合式教学服务体系分析

随着信息和教育技术的飞速发展，混合式教学越来越多地出现在高校的各类教学中，并显示出巨大的发展潜力和前景。随着中国高校数字化校园建设的不断发展，混合式教学也逐渐成为国内高校教学改革的重要内容。混合式教学就是把传统学习方式的优势和数字化学习或网络化学习的优势结合起来，也就是既要发挥教师引导、启发、监控教学过程的主导作用，又要充分体现学生作为学习过程主体的主动性、积极性和创造性。高校混合式教学的顺利、有效开展，需要构建多层次、多维度的高校混合式教学服务体系，而良好的学习环境是十分重要的。

一、混合式教学服务体系的主要思路

（一）以提高混合学习力作为目标

混合学习力的提升是混合式教学服务体系的核心目标之一。随着远程学习的不断发展，对在线学习力的研究也逐渐崭露头角。在线学习与传统课堂学习在多个方面存在不同，因此在线学习力不仅包含一般学习力的特征，还强调在线学习环境下的学习特性。混合式学习则将传统课堂学习与在线学习优势结合，形成一种独特的学习模式。混合学习力旨在培养学习者在混合学习环境中的能力，其中包括内驱力、认知力、意志力和应用力四个要素。

内驱力是指激发学习者学习的内在动力，使其能够自发地参与混合学习活动。认知力则是学习者建构知识和解决问题的能力，包括对信息的理解和应用。意志力是指学习者在面对外界干扰时仍能专注于学习的能力，这在混合学习中尤为重要。应用力是学习者将所学知识应用于实践的能力，从而产生具体成果。因此，混合式教学服务体系的建设目标在于提升学习者的混合学习力，即激发内驱力、提高认知力、强化意志力、促进应用力。

（二）依据“五维度”提供支持服务

依据“五维度”提供支持服务是混合式学习服务体系的重要组成部分，其涉及学校、教师和同伴，从制度、资源、教学、评价和朋辈五个方面提供多样化的支持，以促进混合式学习的有效实施和学习者混合学习力的提升。

第一，制度支持服务是混合式学习服务体系的基础。学校需要制定与混合式学习相关的政策和规章制度，以规范教学行为和管理流程，确保混合式学习能够顺利进行。这些政策和制度需要明确线上线下教学过程中的各种必要因素，包括课程设计、教学安排、教学质量监控等，以保障整体运行的统筹性和顺畅性。对于学生和教师参与混合式学习的相关权利和义务也需要进行规范，以确保教学过程的公平和透明。

第二，资源支持服务是混合式学习的重要保障。在资源支持方面，人员和设备是两个关键因素。人员支持涉及教师的角色，他们需要起到引导、组织和评价学习的作用。教师不仅需要具备丰富的教学经验和专业知识，还需要具备对混合式学习的理解和支持。学校也需要配备专门的教学管理和保障团队，以协调和管理线上线下教学过程。设备支持则是保障线上线下教学条件的重要保障措施，包括优化在线课程平台功能、建设智慧教室、保障网络通信设备等，以确保学生在线学习的顺畅进行。

第三，教学支持服务是混合式学习服务体系中的核心环节。教学支持包括教师根据课程学习目标和学习内容，为学生提供教学资源、学习引导、活动组织和讨论交流等方面的支持。教师在混合式学习中需要根据学习者的需求和特点，灵活选择线上或线下的教学方式，并为学生提供针对性的学习指导。教师还需要组织和引导学生参与各种教学活动，如情境模拟、角色扮演、项目训练等，以促进学生的主动学习和交流。

第四，评价支持服务是混合式学习过程中的关键环节。评价支持包括教师在整个教学活动过程中科学选择考核方式和方法，并对学生的学习过程和结果进行管理和评估。在混合式学习中，教师需要综合利用线上和线下的评价工具和方法，全面了解学生的学习情况，及时发现和解决问题，以提高学生的学习效果。评价应该是一个动态过程，教师需要不断调整和优化评价方式，以适应混合式学习的发展和变化。

第五，朋辈支持服务是混合式学习服务体系中的补充和延伸。朋辈支持包括学生之间的协作和互助，以及学校和教师对学生同伴的支持和指导。学生可以通过组建学习小组、组织学习交流、提供咨询服务等方式，相互帮助和共同进步。学校和教师也应该提供相应的支持和指导，鼓励学生之间的交流和合作，以促进学习氛围的形成和发展。

（三）以基于 SPOC 的翻转课堂混合式学习为核心

基于 SPOC 的翻转课堂混合式学习作为高校混合式教学的核心模式，在现代教育中具有重要意义。这一教学模式融合了线上线下教学的优势，通过充分利用数字化教学工具，为学生提供了更加灵活、个性化的学习方式，同时也为教师提供了更多创新教学的可能性。

第一，课前的学习准备。在课程开始之前，学生通过教师提供的课程资料和 SPOC 平台上的学习资源，对课程内容有了初步了解，并制订了个人的学习计划。这一阶段的学习准备对于学生后续的学习起到了重要的铺垫作用，有助于学生更加有针对性地学习和理解课程内容。

第二，课前自主学习。学生在课前通过 SPOC 平台进行自主学习，包括观看课程视频、阅读课件、完成课前测试等。这种学习方式使得学生能够在自己的节奏下学习，根据自己的理解情况进行反复学习和巩固，提高了学习的效率和质量。

第三，课中内化学习。在课堂上，教师通过讲解、示范和引导，帮助学生深入理解课程内容，并通过各种教学活动激发学生的学习兴趣和主动性。学生通过参与情境模拟、角色扮演、项目训练等活动，将课堂学习内容内化为自己的知识和技能，提高了学习的深度和广度。

第四，课后拓展学习。学生在课后通过 SPOC 平台完成教师布置的作业，并对学习过程进行反思和总结。学生还可以根据个人兴趣和学习需求，进一步拓展课程内容，通过与教师和同学的讨论交流，加深对课程内容的理解和掌握。

第五，结课学习总结。学生在学期结束时，对整个课程的学习过程进行总结和评价，查漏补缺，明确自己在学习中存在的问题，并为进一步学习打下基础。这一阶段的学习总结对于学生的学习效果评价和提升具有重要意义。

（四）提供基础规章制度以及激励政策服务

学校作为混合式学习支持服务的基础，其所提供的基础规章制度和激励政策服务，对于学习者、教师以及同伴在混合式学习环境中的作用至关重要。学校制定的规章制度不仅能够为学习者提供一个有序的学习环境，同时也能够激发学习者的内驱力和意志力。这些规章制度涵盖了学习者学习的方方面面，从学习行为规范到课程管理，再到学术诚信，都有着详尽的规定，这有助于营造一个积极向上的学习氛围。学校还通过提供条件保障，如良好的学习设施、技术支持等，为学习者提供了一个优质的学习环境，从而进一步激发了学习者的学习动力。

教师在混合式学习中扮演着至关重要的角色，他们不仅是学习者的启发者和引导者，更是混合式学习的监控者。教师的混合式教学能力和教学设计水平直接影响着混合式学习的效果。一个具有高水平混合式教学能力的教师，能够更好地利用线上和线下资源，设计出更加丰富多样的教学活动，从而提高学习者的学习积极性和主动性。教师还通过提供学习资源、开展学习指导与咨询服务等方式，为学习者提供学习的支持和帮助，进一步提升学习者的学习效果。

除了教师之外，同伴在混合式学习中也扮演着重要的角色。学校通过各种制度激励和支持同伴之间的合作与互助，从而提升了同伴支持的力度。同伴不仅包括同一课堂的学习伙伴，还包括学校选拔优秀学习者组建的混合式学习支持服务团队。这些同伴之间通过小组学习、团队任务、交流研讨等方式，共同提升学习者的学习能力。通过组织朋辈互助、利用社交媒体平台等方式，他们能够解答学习疑问、提供技术支持，帮助学习者更好地应对学习中的困难和挑战。

二、混合式教学服务体系的具体作用

（一）有效发挥学校基础性作用

学校作为教育的重要场所，其基础性作用的有效发挥对于学生的全面发展至关重要。在当今数字化时代，混合式教学模式的引入，为学校基础性作用的发挥提供了新的机遇和挑战。为了更好地应对这一挑战，学校需要从多个方面进行规划和落实，以确保混合式教学的顺利开展和教育质量的提升。

第一，制定混合式教学制度文件。学校应制订《混合式课程建设实施方案》，该方案需明确混合式教学模式改革的目标、建设要求、建设任务和措施，以此指导全校混合式教学各项工作的开展，规范相关混合教学管理文件的制定。例如，应采用混合式教学课程建设专项方式，以年度教研重点课题立项支持混合式教学课程建设，并制定专项管理过程性文件，如《混合式课程验收标准》，以保障课程建设质量。学校还应制定有关混合式教学相关教学文件模板，对课程教学大纲、课程排课、学生考核要求实施特殊性管理，给予教师更多的课程实施自主权和空间，同时制定有关学生混合式学习的激励保障制度，鼓励优秀学生更多地参与混合式学习朋辈互助。

第二，提供基础设施资源。在线上线下混合式学习中，SPOC 学习平台的选用和功能设计，教室、宿舍、图书馆等场所的网络保障尤为重要。学校应针对学生反馈的问题，及时向平台供应商反馈意见、优化平台功能，进行平台升级；针对学生反馈的宿舍、教室网速等技术问题，与相关网络运营商合作，着眼于 5G 布局基础上建设智慧校园，使学生尽早享受到信息技术最新发展成果。

第三，组织培训以提升教师的混合教学水平。教师在混合教学过程中扮演着组织者、引导者以及学生自主建构意义的帮助者和促进者的角色，他们的能力直接影响学生的学习效果。因此，学校应高度重视教师混合式教学设计和实施能力提升的培训工作。培训应该基于产出的教育模式（OBE）理念为指导，以成功获得混合式教学课程认定为目标，涵盖理念认同、平台选择与使用、课程建设流程、课程教学设计、教学工具运用等内容，并采用混合式学习方式进行，使教师以学生身份体验混合式学习全过程，实现从角色认同到角色转化。

第四，设立专门部门提供课程服务咨询。学校应该针对网络平台操作不熟练、师生交互不多的问题，组建在线课程制作与支持中心，吸收各方面专业人员加入，全面提供咨询服务；设立服务热线，在网络平台上设立咨询通道，选拔各个班级学习委员加入该群，建立学校与学生直接沟通平台，随时回应学生有关混合学习平台、网络、教师教学、教学管理等各方面的问题，为学生顺利完成混合式学习保驾护航。

第五，加强教学质量监控。学校应将混合式教学纳入学校教学质量保障体系的课程建设专项，进行学期专项督导，并制定专项评价标准，每学期对开展课程实践的混合式教学课程进行跟踪听课，并定期发布督导总结报告；定期开展专项学生评教活动，撰写学生评教总结报告，反馈给教学管理部门和相应教师，以便改进服务，提高教学质量；定期召开学生座谈会，听取学生对混合式教学模式改革的意见和建议，及时解决混合式教学模式改革过程中存在的问题。

（二）强调发挥教师的主导作用

在混合式学习环境下，教师的主导作用对于学生的学习至关重要。教师的引导、监控和评价支持是确保学生混合学习力充分发挥的关键因素。下面从教学支持和评价支持两个方面探讨教师主导作用的重要性，并提出相应的工作内容。

1. 教学支持

教学支持是指教师在学习过程中向学生提供指导和帮助的过程。在混合式学习中，教师应以“教师主导、学生主体”的理念为指导，充分发挥教师的主导作用，引导学生完成学习过程。

（1）学情调研。教师应在开课前进行充分的学情调研，了解学生的学习情况和需求。通过设计调查问卷、访谈等方式，收集学生的混合式学习经验、学习态度、技术水平等信息，为课程设计和教学支持提供依据。

（2）优化课程设计。教师应根据学情分析设计合理的混合式教学方案。结合课程大纲和教学要求，设计线上线下融合的教学活动，贯彻“学生主体、成果导向、持续改进”的教学理念，确保教学内容的有效传达。

（3）优选课程资源。教师应为学生提供丰富的线上学习资源。设计 SPOC 课程框架，提供课程简介、课程大纲、课件、视频等资源，以及与课程内容相关的在线讨论、练习等活动，帮助学生深入学习。

（4）课前导学。教师应提前发布课前导学材料，明确学习任务和要求，引导学生在课前做好准备工作。导学内容应结合课程实际，从学生角度出发，使学生明确学习目标和学习路径。

（5）过程指导与监控。教师应加强对学生学习过程的指导和监控。定期总结学生的学习情况，进行过程性评价，及时给予学生反馈和指导，引导学生积极参与学习。

2. 评价支持

评价支持是指教师对学生学习过程和成果进行评价和反馈，以促进学生学习动力和效果的提升。

（1）重视线下学习表现。教师应重视学生在线下课堂的学习表现。通过观察学生的课堂参与情况、讨论质量等方面，评价学生的学习态度和水平，及时给予肯定和指导。

（2）综合考核指标。教师应在混合式学习中综合考虑学生的线上线下学习表现。除了关注线下课堂表现外，还应考虑学生的在线学习时长、在线测试成绩、讨论参与等因素，综合评价学生的学习情况。

（3）过程性评价。教师应采取过程性评价方法，对学生的学习过程进行跟踪和评价。定期组织学生进行小测验、作业等，了解学生的学习进度和水平，及时发现和解决学习中的问题。

（4）及时反馈。教师应及时向学生提供反馈，指出学生的优点和不足，给予鼓励和建议。通过线上答疑、作业批改等方式，帮助学生改进学习方法，提高学习效果。

（5）学生参与。教师应鼓励学生参与评价过程，听取学生的意见和建议。定期开展学生座谈会、问卷调查等活动，了解学生对教学的反馈，为改进教学提供依据。

（三）注重体现同伴的协助作用

在学习过程中，同伴的协助作用不容忽视。学习者与教师和资源的交互是学习的重要组成部分，但同伴间的交互也同样至关重要。同伴的协助体现在多个层面，包括宿舍同伴、课程小组和学习小组同伴、教学助理同伴以及学校混合式优秀学习同伴。

第一，宿舍同伴的协助主要体现在营造良好的学习氛围和保障良好的学习习惯方面。在宿舍中，同伴之间的相互影响是不可忽视的。共同生活的环境使得同伴们能够互相激励，共同进步。例如，当一个同伴养成了良好学习习惯，如定时复习、整理笔记，会潜移默化地影响其他同伴，促使他们也养成类似的习惯。宿舍同伴之间也会开展学习内容的交流探索，互相分享彼此的学习心得和体会，从而丰富学习的视角，提高学习效果。更进一步，宿舍同伴们还能相互提醒和监督，确保每个人都能保持学习的动力和积极性，避免因懈怠而造成学习效率的降低。

第二，课程小组和学习小组同伴在学习过程中的作用。这种同伴关系与特定的学习任务相关联，主要表现为正确的分工、团队合作、资源共享和进度监督。在课程小组中，同伴们会根据任务的要求进行合理分工，使得每个人都能承担适合自己能力和专长的任务，从而提高任务完成的效率和质量。通过团队合作，同伴们能够相互协作，克服困难，共同完成任务，这有助于培养学生的团队意识和协作能力。同伴之间的资源共享也是课程学习的重要环节，如分享资料、讨论问题、解答疑惑等，这些都能够促进学习者的全面发展。组长和组员对学习者的学习进度进行监督，确保每个人都在规定的时间内完成任务，并且进行公平的组内评价，激励大家共同进步。

第三，教学助理同伴和学校混合式优秀学习同伴的作用。教学助理同伴通常是学习者的同龄人或者学长学姐，他们在学习过程中担任了一种中间角色，既有教师的权威性，又能够更贴近学生的实际情况，因此能够更好地理解学生的学习需求，提供更贴心的帮助和指导。而学校混合式优秀学习同伴则是学校为学生提供的一种优质学习资源，他们通常是在学习上表现突出的同学，能够为其他学生提供学习方法、经验分享等方面的支持，帮助其他学生更好地学习和成长。

第二章　混合式教学系统与网络教学平台

混合式教学系统作为现代教育技术的重要应用之一，不仅集成了传统课堂教学的精髓，更融入了网络教学的优势，为学生提供了更加丰富多彩的学习体验。本章深入探讨混合式教学系统的具体优势、相关技术以及在实际应用中的网络教学平台，以期为我国教育信息化的深入发展提供新的思路和方向。

第一节　混合式教学系统的具体优势

一、转变教师教学以及学生的学习方式

“混合教学已经成为高校教学常态化形式”①。采用多元式教学设计，整合传统教学和在线教学模式，灵活组合、合理运用信息化教学手段，转变教师教学讲练及一体化方式和学生预习、回顾无人监控的学习方式；促进传统课堂教学和现代教育多种教学手段的有机融合，实现学生为学习主导者的师生角色和观念的转换；营造基于网络的优质丰富的包括课件、视频、在线课程、评价、测试、交流研讨的教学资源，提高教师的引导作用和学生的学习效率。多种教学形式和教学手段集于一体的混合式教学模式越来越被人们重视和认可。

混合式教学模式将线上教学和线下学习有机地融合，以学生为主导，在教学进程、教学手段、教学方式、教学设计上，将学生的学习方式、学习环境、学习资源、学习习惯进行融合。通过课上录屏、教学视频、远程辅导、小组任务、网络资源、线上评测、交流研讨等形式，将线上和线下、传统和网络教学结合在一起；学生通过线下自学、观看视频、线上交流、小组学习、查看资源、线上测试等形式进行学习，既加强了学习连续性（课上课下的学习接续）、学习积极性，也培养了学生的自学能力、团队协作能力、网络学习能力，提高了学习效率，同时教师也能对学生在课余时间的预习、回顾进行有效的监控和

① 朱永海．深度学习视角下混合教学系统化设计与体系化模式构建［J］．中国电化教育，2021（11）：77.

管理，又能针对学生个体差异因材施教，提高教学效率。

二、促进传统与网络教学的有效融合

传统课程教学突出的是被动接受，轻视了学生的主观意愿和情感，约束了学生的个性化发展，强调教师的主导性和权威性，学生应保持“固定化”的学习兴趣和过程，教与学产生了分离，摒弃个性化的强制培养，使得学生的逆反心理、厌学心理不断地滋生，教学效果始终不能达到预期。网络教学的随意和个性化以及课程教学交互过程的缺失，也不能达到教学效果。想要将传统教学和网络教学有机融合，就必须找到两种形式的契合点，通过精细的教学设计将两种模式紧密地结合，将教学进程中的预习、回顾、作业、评测、研讨、提问等引入到线上模式，将常规讲授、答疑、评价、实操等回归至课堂，良好的教学设计可以紧紧抓住学生的学习兴趣、主观能动性，将其课余的学习状况和课堂的学习结果有机地把握和紧密地结合。

三、有效实现师生角色以及观念的转换

传统教学的教师主导带来的矛盾，和单纯网络教学带来的自由、散漫和所谓的个性化，都不能解决教学效率的问题。而混合式教学模式突出的是学生为主导的教学进程，教师在课堂上通过教学视频、线上平台、网络资源、小组任务、线上评测布置自学内容，学生课下通过网络进行自学、研讨、测试，汇总问题、困惑带入课堂，教师通过线上平台汇总、筛选共性问题，进行答疑，也可通过学生的讲解、答辩实施课堂翻转，从而达到教学角色的转变，以学生为主导，根据个人的兴趣和习惯自主学习、团队研讨，始终遵循在教师所制定的主体学习框架内，充分发挥其自主能动性，调动其学习兴趣，真正实现转换，提升学习效率。

四、运用互联网提供优质丰富的教学资源

网络教学的优势在于教学资源丰富，混合式教学模式借助网络的便利、丰富的资源，结合互联网和移动网络的普及，将学术资源、技能资源、拓展资源以及形象化的视频资源、媒体资源等，通过碎片化或者系统化的形式引入学生学习生活，学生在课余的任何时间片段，都可借助网络进行学习、交流、研讨、提升乃至创新；教师也可通过网络实现教学资源的积累，教学成果的凝练，教学设计的思考，教学手段的丰富和教学能力的提升，从而提高教师和学生教学及学习效果。

总之，混合式教学是符合当前时代特征的教学模式，是教育教学在信息化框架下的深度融合；是转换教育教学思路的一种积极可取的模式；是随时随地、随心随愿的学习模式；是“互联网 +”教育的必然体现；也是弥补传统教学、网络教学弊端的极佳模式。混合式教学不仅促进了教师教学理念的转变和效率的提升，也提供给了学生自主学习、个性发展的基于网络的良好环境。

第二节　混合式教学系统的技术分析

一、混合教学系统技术——实时与异步交流

混合学习的形式丰富多样，通常包含混合在线与离线学习、混合自主学习与实时协作学习、混合结构化与非结构化学习等，实时与异步交流在混合学习中均得到了广泛应用。

实时交流是指网络交流的参与者能够进行实时沟通，如实时聊天室、实时视频会议等，他们可以实时获得沟通信息。通过实时交流，教师和学生、学生和学生之间可以异地同时讨论、答疑、协作、分享，可开展混合结构化或非结构化学习。异步交流是指参与者之间的沟通是非实时的，如论坛、电子邮件等，参与沟通的双方或多方之间的信息发布与接收存在延迟时间。如果说实时交流解决了教师、学生之间地理空间的限制问题，异步交流则解决了教师、学生之间时间差异的问题，学习资源和学习时间可以被更充分、更灵活地利用。实时与异步交流为混合学习的参与者提供了灵活沟通方式。

（一）网络聊天室

网络聊天室是一个支持多人同时在线交流的虚拟网络社区。在同一个聊天室的人们通过广播消息、文章、语音、视频等进行实时交谈。在聊天过程中，聊天者可以实时看到其他成员的对话，也可以随时加入他们的对话。聊天室通常有固定的谈话主题，并且会有一个或多个主持人主持讨论过程。

聊天室为混合学习提供了良好的平台，有助于创设一种深度在线交互的学习方式。教师和学生可以在约定的时间进入聊天室，就某一个或多个话题展开讨论。每个讨论参与者可以看到在线者的名字和其他参与者发的帖子，可以提出问题，也可以即时回复其他人的问题。一般的网络通用聊天室不需要保存聊天记录，但支持混合学习的聊天室则需要保存聊天记录。通常网络学习管理系

统中都会提供聊天室工具。

（二）会议电视系统

视频会议系统[①]通过视频传输线路和多媒体设备，将声音、影像以及文件资料相互传递，以达到会议目的。视频会议系统的基本构成包括软件系统和硬件系统。软件系统负责管理视频会议的各项功能，包括音视频传输、数据交换等，硬件系统则是指用于视频会议的设备，如摄像头、麦克风、显示器等。

第一，视频会议系统的使用极大便利了远程会议的召开。在过去，召开会议通常需要会议参与者集中在同一地点，这对于不同地理位置的个人或组织来说是一项昂贵和不便的任务。视频会议系统的出现使得会议可以在任何地方召开，只需有互联网连接和相应的设备即可。这不仅节省了时间和成本，还提高了会议的灵活性和效率。特别是在混合学习中，视频会议系统的应用更是广泛。学习者无需前往学校或培训中心，就可以通过视频会议参与远程教学、协商和讨论交流。这种远程学习模式不仅提高了学习者之间的沟通效率，还缩减了差旅成本，使学习变得更加便利和灵活。

第二，视频会议系统在提升会议参与者对内容的理解方面发挥了重要作用。与传统的电话会议相比，视频会议系统能够提供更加直观和丰富的沟通体验。通过视频会议，参与者不仅可以听到对方的声音，还可以看到对方的面部表情、动作以及实时共享的文档或演示。这种视觉和听觉上的沟通方式更加直观，有助于减少信息传递的误解和歧义。通过实时共享文档或演示，参与者可以更加专注地理解讨论的主题，从而提高会议的效率和成果。这对于需要多方共同协作、讨论和决策的会议尤为重要，如企业管理会议、学术研讨会等。

第三，视频会议系统还在科技、能源、医疗和教育等领域得到了广泛应用。在科技领域，视频会议系统为远程团队协作提供了便利，使得不同地区的专家和研究人员可以共同进行项目研发和技术交流。在能源领域，视频会议系统可以用于远程监控和管理能源设施，提高能源利用效率和安全性。在医疗领域，视频会议系统被广泛应用于远程医疗诊断和远程医疗咨询，使得医疗资源可以更好地分配和利用，同时提高了医疗服务的覆盖范围和质量。在教育领域，视频会议系统被用于远程教学、在线培训和远程辅导等方面，为学生提供了更加便捷和灵活的学习方式。

---

① 视频会议系统作为一种实时通信系统，在不同地理位置的个人或群体之间提供了即时且互动的沟通平台。

（三）腾讯 QQ 即时通信

腾讯 QQ 即时通信[①]提供了群、讨论组、视频通信、微博、腾讯 QQ 空间、文件传送和电子邮件系统，可以即时与在线伙伴通信，交换彼此的观点和看法，提出问题或者回答问题。在集体或分组讨论、消息发布和文件传送等方面发挥着积极而重要的作用。

在混合学习中，学习者利用腾讯 QQ 联系其他在线学习者，开展实时在线交流，并根据需要在学习者之间传递和分发有关学习资料。腾讯 QQ 通信所具有的即时性和快捷性，尤其是其所具有的视频通信功能，为混合学习提供了良好支撑。

（四）论坛（BBS）

论坛（Bulletin Board System，BBS）作为一种互联网电子信息服务系统，为用户提供了一个共同交流的环境，使得用户可以在上面发布信息、提出看法以及进行讨论和聊天。BBS 的特点在于其交互性强、内容丰富，类似于日常生活中的黑板报，按照不同的主题分成多个版块，用户可以根据自己的兴趣和需求选择参与。论坛还提供了邮件服务，使得用户可以进行私下交流。

在论坛上，用户不受空间和时间的限制，可以与其他用户进行交流和讨论。在这种交流中，用户不需要考虑自身的年龄、学历、知识、社会地位、财富、外貌或健康等因素，也可能不了解对方的真实社会身份。这种匿名性和平等性特点，使得论坛成为一个自由开放的交流平台，每个用户都可以在这里自由表达自己的想法和看法，而不受到现实世界的种种限制。

论坛在混合学习中的应用尤为广泛，其目的是促进学习者在网上进行非实时的讨论。考虑到各种原因和条件的限制，让所有学习者同时在线并不现实。因此，采用异步讨论的形式更具实用性。通过论坛，学习者可以在任何时间、任何地点参与讨论，不受时间和空间的限制，使得讨论可以持续无限期地进行下去，从而保证讨论的深度和广度。

论坛的价值在于其提供了一个开放、包容的学习环境，使得学习者可以在这里自由地分享知识、交流经验、提出问题，并得到他人的解答和建议。通过参与论坛讨论，学习者可以拓展自己的思维，深化对学习内容的理解，同时也能够借助他人的力量解决自己的困惑和疑惑。在论坛上，知识不再是孤立的，而是可以

① 腾讯 QQ 即时通信在国内混合学习中应用得比较普遍，其主要原因是学习者大都比较熟悉腾讯 QQ 即时通信，并且拥有自己的腾讯 QQ 账号。

通过多方交流和讨论得到共享和丰富。

论坛还为学习者提供了一个自主学习的空间。在论坛上，学习者可以自主选择感兴趣的话题进行讨论，主动提出问题并积极寻求解答，这有助于培养学习者的自主学习能力和解决问题的能力。论坛上的讨论也可以激发学习者的思考和探索欲望，促进学习者的深度思考和自主学习。

二、混合教学系统技术——虚拟现实技术

虚拟现实技术是一项综合集成技术，是计算机图形学、人机交互技术、传感器技术、人机接口技术以及人工智能技术等交叉与综合的结果。利用计算机生成逼真的三维视觉、听觉、嗅觉等各种感觉，使用户通过相应的设备，自然地实现与虚拟世界的体验和交互，即利用计算机创造现实世界。

与传统的实操教学相比，虚拟现实技术能够为学习者提供生动、逼真的学习环境，尤其是对某些危险、实现成本较高的现实环境下进行的操作，利用虚拟现实技术替代传统教学中的真实环境操作训练，可以较大限度地保障学习者的安全，有效降低培训成本。在虚拟课堂的学习中，学生可以按照教师的教学计划按部就班地学习，也可以进行自主点播学习资料、在线交流探讨，可以依据自身的个性化需求，充分运用各种方式和资源进行学习。

（一）虚拟现实系统的组成

虚拟现实系统作为一种先进的人机交互技术，其构成要素包括硬件设备和系统软件。硬件设备的主要组成部分包括跟踪系统、触觉系统、音频系统、图像生成和显示系统，以及可视化显示设备，这些组件在共同作用下，为用户提供了身临其境的虚拟体验。

第一，跟踪系统是虚拟现实系统中至关重要的一部分，其任务是实时检测用户头、身体和手的位置与指向，并将这些数据反馈给控制系统，以生成随视线变化的图像。在跟踪系统中，有电磁跟踪系统、声学跟踪系统和光学跟踪系统等不同类型。电磁跟踪系统利用电磁场来跟踪用户的位置和姿态，其原理是通过探测器和发射器之间的相互作用，测量电磁信号的变化来确定用户的位置。声学跟踪系统利用声波的传播速度和方向来定位用户，通过分析接收到的声音信号，计算用户的位置和姿态。光学跟踪系统利用摄像头和红外传感器等设备，通过分析用户的视觉信息来实现位置和姿态的跟踪。

第二，触觉系统是使用户能够用手或身体的其他能动部分来操纵虚拟物体，并在操作的同时感受到虚拟物体的反作用力。触觉系统的设计目标是提供

真实的触感反馈，使用户能够更自然地与虚拟环境进行交互。这一系统的实现通常包括力反馈设备和触觉反馈设备。力反馈设备能够模拟物体的质量和形状，通过施加力的方式使用户感受到虚拟物体的重量和形状。触觉反馈设备通过震动或压力感应来模拟物体的表面纹理和形态，使用户感受到触摸的细微变化。

第三，音频系统在虚拟现实系统中扮演着重要的角色，通过听觉通道提供的辅助信息来增强用户对虚拟环境的感知。音频系统包括语音和音响合成设备、语音识别设备以及生源定位设备等组成部分。语音和音响合成设备能够生成逼真的声音效果，为用户提供真实的听觉体验。语音识别设备则能够识别用户的语音指令，实现语音交互功能。生源定位设备能够确定声音的来源位置，使声音在虚拟环境中具有定位感和方向感。

第四，图像生成和显示系统是模拟虚拟对象并将其呈现在显示设备上的关键组件。图像生成系统根据用户操作在合成图像的基础上即时生成虚拟场景，其目标是实现高质量、高逼真度的图像效果。通常情况下，图形工作站用于支持图像生成和显示系统的高效工作。可视化显示设备主要用于呈现模拟图像和环境，通常采用 3D 呈现方式，对清晰度和图像的连续性要求较高，以提供更真实的视觉体验。

虚拟现实系统软件则包括面向桌面的虚拟环境系统和面向工作站的虚拟显示软件系统等多种类型。面向桌面的虚拟环境系统通常用于一般用户，其功能相对简单，易于上手。面向工作站的虚拟显示软件系统则具有更强大的功能，通常用于专业领域，如虚拟现实建模和仿真。虚拟现实系统在开发虚拟现实应用软件方面具有快捷、简易的特点，有利于提高开发效率，满足用户不同的需求。

（二）混合教学的虚拟课堂教学

混合教学的虚拟课堂教学在当今信息社会中扮演着越来越重要的角色。虚拟课堂作为一种在虚拟空间中模拟现实课堂的有组织学习环境，已经逐渐成为现代学校教育环境的重要组成部分。下面探讨虚拟课堂教学的模拟、扩展和创新，以及如何通过混合学习融合现实课堂和虚拟课堂，从而实现更高效的教学。

第一，虚拟课堂的教学活动可以分为模拟现实课堂、扩展现实课堂和创新现实课堂三种类型。模拟现实课堂包括同步直播教学和同步集体互动讨论，这两种形式在模拟现实课堂中的教学和互动过程方面非常重要。同步直播教学使教师能够通过网络直播进行课堂教学，学生可以在虚拟空间里即时接受教师的指导和讲解，从而获得与传统课堂相似的学习体验。同步集体互动讨论则使得学生能够在虚拟环境中展开课堂讨论，通过网络交流和互动，增强对知识的理解和应用能力。

第二，扩展现实课堂则通过异步形式扩展了教学内容和学习方式。异步点播教学允许学生在自己的时间和节奏下观看教学视频或课件，从而更好地消化和理解知识。异步集体互动讨论则为学生提供了在网络平台上进行讨论和交流的机会，不受时间和空间的限制，从而促进了学生之间的思想碰撞和合作学习。异步文本资料的课外自主阅读也为学生提供了更丰富的学习资源，激发了他们的学习兴趣和自主学习能力。

第三，创新现实课堂强调利用数字技术和网络平台进行个性化学习、小组学习和社会性学习。个性化学习通过数字资源的利用，根据学生的学习需求和水平提供个性化的学习内容和任务，激发了学生的学习兴趣和动力。小组学习则通过在线合作的形式，让学生在虚拟空间中共同解决问题和完成任务，培养了他们的团队合作和沟通能力。而社会性学习则强调在虚拟环境中与他人交流和互动，培养了学生的社交能力和情感认知。

混合学习的核心在于将现实课堂和虚拟课堂相结合，充分发挥两者的优势，实现教学的全面提升。在混合学习中，可以利用网络学习系统构建虚拟课堂，通过展示工具、白板工具、聊天室工具、问题管理工具、小组工具、课程地图等功能，模拟课堂的信息传递和反馈过程，提供更丰富的教学体验和学习资源。

三、混合教学系统技术——智能空间技术

应用于混合学习中的智能空间技术可以为学习者营造一种具有针对性和适应性的学习环境。学习者在该环境中能够更加方便地获取适应自身情况的学习资源，从而使得混合学习更为便捷、高效。智能空间技术包括以下内容：

（一）智能课堂

智能课堂作为混合学习领域的一种典型应用，融合了先进的信息技术与教育教学的需求，为教育教学带来了全新的可能性。下面探讨智能课堂在提供个性化学习环境、解决学习者差异性问题以及促进教学公平与平等方面的作用。

第一，智能课堂的优势之一在于提供了持续的、不受时间限制的学习环境，有利于实现个性化学习。通过智能教室中的多媒体设备、计算机网络以及感知模块，学生可以在任何时间、任何地点获取所需的学习资源，不再受制于

传统课堂的时间和空间限制。这种灵活性为学习者提供了更大的自主学习空间，使得他们可以按照自己的节奏、兴趣和能力进行学习。智能课堂还能够根据学生的学习情况和需求，智能调整教学内容和节奏，使得学习过程更加个性化和有效化。

第二，智能课堂可以比较好地解决学习者的差异性问题，为学习者公平、平等地发展提供基础。传统课堂教学往往难以满足每个学生的学习需求和水平差异，导致一些学生无法跟上教学进度，另一些学生则感到无足轻重。智能课堂通过提供多样化的学习资源和个性化的学习路径，能够更好地满足不同学生的学习需求，使得每个学生都能够在适合自己的学习环境中取得进步。例如，智能课堂可以根据学生的学习水平和兴趣，为他们推荐合适的学习资源和任务，提供个性化的学习反馈和指导，帮助他们克服学习障碍，提高学习成绩。

第三，智能课堂的建立有助于最大程度地满足不同类型和需要的多样化学习者的目标。传统教室往往以教师为中心，学生被动接受知识，缺乏主动性和参与性。而智能课堂提供了丰富的互动和合作机会，可以激发学生的学习兴趣和动力。在智能课堂中，学生可以通过与教师和同学的互动、参与各种项目和实践活动，积极地构建自己的知识体系和技能。智能课堂还可以根据学生的学习方式和需求，提供多种学习模式和路径，满足不同学生的学习偏好和需求。例如，对于视觉型学习者，智能课堂可以提供丰富的图文资料和多媒体资源；对于听觉型学习者，可以提供语音导览和听力练习等。

第四，智能课堂也考虑到了有特殊需要的学生，为他们提供了更多支持和帮助。在传统课堂中，一些特殊需要的学生往往由于身体或认知障碍而面临学习困难，难以融入普通教学中。智能课堂通过配置特殊软件和辅助听力设备，可以为这些学生提供定制化的学习支持和辅助，帮助他们克服学习障碍，参与到正常学习活动中来。例如，智能课堂可以通过语音识别技术为听力障碍学生提供实时文字转录，通过触摸屏控制系统，为运动障碍学生提供更便捷的操作方式，从而使得这些学生也能够享受到高质量的教育资源和服务。

（二）智能空间

智能空间作为一个融合物理世界和信息空间的重要研究领域，涉及自然的人机交互、适应用户和设备的动态演化，并旨在帮助用户高效地完成任务。其基本功能包括感知或观察、分析或推理、决策或执行，其核心体现在物理世界中的物体与信息空间中对象的互相关联以及相互影响。智能空间的目标是建立一个以人为中心的计算和通信能力充沛的空间，使得计算机系统能够参与到以前未涉及计算行为的活动中，并让用户能够像与他人交互一样与计算机系统进行交互，从而实现随时随地、透明地获得人性化服务的目标。

第一，智能空间的一个显著特点是利用普适网络连接物理世界。普适网络是智能空间的关键组成部分，它涵盖了互联网、自组织网络、无线传感器网络等不同类型的网络。普适网络是一个异构集成网络，以多种无线网和移动网接入互联网，由用户、物理世界中的感知器、嵌入式计算资源以及系统提供的服务构成。这种网络环境具有移动性、多样性、间断通信、提供动态性和暂时性服务等特点。普适网络的运作过程包括感知器节点和设备感知物理环境，嵌入计算资源对感知结果进行计算，最终为用户提供系统所提供的无处不在的通信服务。

第二，智能空间通过物理世界中的物体与信息空间中对象的互相关联，实现了自然的人机交互。智能空间中的物理对象和信息对象相互关联，这种关联关系使得智能空间具备智能化的能力，能够根据用户的需求和环境的变化自动调整行为。例如，智能空间中的传感器可以感知到物理世界中的环境变化，并将这些信息传输到信息空间中的对象中，经过分析和推理后，智能系统可以做出相应的决策和行动。这种自然的人机交互，使得用户能够更加方便地与智能系统进行交互，获得所需的服务和信息。

第三，智能空间的发展离不开系统软件的支持。系统软件是智能空间的重要组成部分，它包括各种智能算法、数据处理技术以及系统管理功能。系统软件通过分析和处理从物理世界和信息空间中获取的数据，实现了对智能空间的实时监测、控制和优化。例如，智能空间中的智能算法可以根据用户的行为和偏好，自动调整系统的行为，提供个性化的服务和推荐。系统软件的不断优化和更新，为智能空间的进一步发展提供了重要支持。

第三节　混合式教学系统中的网络教学平台

一、混合教学系统中网络教学平台的技术分析

随着科技的快速发展和社会的不断进步，网络信息技术、多媒体技术逐步进入人们的视野中，不断推动现代教育技术逐步实现向网络教学方式过渡，由此为现代教学事业注入了新的生机和活力。

网络教学主要是基于计算机网络实施的，该系统主要由学生工作站、主

机、教师以及服务器四个方面组成。借助主机，教师可以通过对网络中每个终端的控制，实现和学生实时的交互会话，使得学生可以打破时间和空间的局限，接受教师的直接指导，从而获得良好的教育效果。学生还可以通过计算机网络与其他学生进行交流、沟通，并且借助互联网来获取更加丰富的资源信息。由此看来，网络教学模式与计算机辅助教学、电化教学以及传统课堂教学都存在着很大不同，这种不同主要体现在：①网络教学模式强调以学生为中心，颠覆了传统教学模式中教师占主体地位的情况；②网络教学模式关注学生学习的积极性、主动性，注重激发学生的学习自主性；③网络教学模式改变了媒体的定位，由教师的演示工具转变成了学生的认知工具；④网络教学模式将因材施教的教育理念落到了实处。

（一）计算机网络技术

计算机网络是独立自主的计算机互联集合体。此处的“独立自主”强调的是在计算机网络中，各计算机之间不存在主从关系。这一点很重要，如果机器中存在主从关系，如一台计算机受到另一台计算机的控制，就不是计算机网络。互联的含义是计算机之间可以互相交换信息，而计算机之间的连接可以通过导线、光、微波和卫星等有线和无线的形式进行。

1. 计算机网络的连接目的

就应用的角度而言，计算机进行联网的目的具体如下：

（1）共享远程资源，包括程序、设备、数据等软硬件资源。例如，教育部建立的一个学生毕业证、学位证查询程序，允许用户通过网络进行远程访问。在公共交通订票、银行存取款、电子图书馆等方面，通过网络共享资源已是生活中的实际。

（2）依靠可替代的资源提高可靠性。例如，有备份情况下的故障自复。在银行、航空等领域，一般会有多个处理器，其中一个出现问题时，其他处理器仍可正常工作。

（3）节约经费。因为大型计算机升级时开销巨大，而比较小型的计算机往往性能价格比更高，因此常使用客户机/服务器模型或客户端使用比较廉价的PC，通过服务器共享数据。

（4）网络用户的通信与合作。例如，同一公司不同地点办事处的员工，可通过公司内部网络共同撰写工作报告。又如当前正在如火如荼发展的视频会议，它也是网络作为通信媒体的典型事例。

2. 计算机网络的连接方式

网络中计算机连接的方式，即由计算机的几何安排构成的网络拓扑结构。尽管实际上存在许多种规则或不规则的网络拓扑结构，但最基本的不外乎三种：星形拓扑、环形拓扑、总线形拓扑。

在星形拓扑结构中，所有计算机（节点）都连接到中心计算机或集线器上，各个计算机除与中心计算机或集线器相连外，不与其他的计算机相连。星形网络的所有数据包都先送到中心集线器，然后由中心集线器送达目的地。在星形网络中，一台计算机与集线器的通道发生故障时不会影响到其他的计算机。但是如果集线器坏了，整个网络就会崩溃。

环形拓扑结构是将所有计算机连在一起形成一个环。从网络中的任何一点都可以沿同一方向传输数据，最后返回到起点。由于是环形连接，故其中的数据只能沿一个方向传输。环形拓扑要求计算机之间的通道不能发生故障。环上的任何一点发生故障都会使网络通信无法进行。由于数据必须经过网络中的每一台计算机，因此网络中的任何一台计算机都能查看环中传输的数据。

总线形拓扑结构是通过使用一条被称为总线的传输介质，把网络中的所有计算机连接在一起进行通信的。一般使用同轴电缆作为总线拓扑中的传输介质。总线拓扑中的数据可以向任何一个方向传输。其缺点与环形拓扑类似，即总线故障会造成网络通信失败，而且安全性也不好。

3. 计算机网络的结构体系

现代计算机网络的结构体系是网络设计中的基础性组成部分，采用了高度结构化的方法。这种结构化思想体现为网络的体系结构，它是整个网络设计的蓝图，为各层之间的通信提供了框架和规范。下面探讨计算机网络的结构体系，从网络的分层组织、协议的定义和服务质量等方面进行阐述。

（1）网络的分层组织。在现代计算机网络中，为了降低网络设计的复杂性，网络通常会采用分层的结构。每一层都建立在它的下一层之上，每一层向上层提供服务，同时屏蔽了实现细节。这种分层结构使得不同的功能模块可以独立设计和实现，提高了网络的灵活性和可扩展性。一般来说，计算机网络的分层结构包括物理层、数据链路层、网络层、传输层、会话层、表示层和应用层等。其中，每一层都有着特定的功能和责任，形成了一种层次化的体系结构。

例如，物理层负责传输比特流，定义了电气特性和传输介质，保证数据的可靠传输；数据链路层负责将比特流组织成帧，并进行物理地址的识别，实现点对点的数据传输；网络层负责进行数据包的路由选择和转发，实现不同网络之间的通信；传输层负责端到端的数据传输，提供了可靠的数据传输和错误恢复机制；会话层负责建立、管理和终止会话连接，确保数据传输的顺序性和完整性；表示层负责数据的格式转换和编码，实现不同系统之间的数据交换；应用层负责提供各种网络应用服务，如电子邮件、文件传输、远程登录等。

（2）协议的定义。协议定义了数据传输的格式、报文的结构以及通信双方的行为规范。不同机器包含相应协议层的实体称作“对等进程”，它们利用协议进行通信。数据并不是直接从一台机器的第 n 层传送到另一台机器的第 n 层，而是经过每一层的处理和封装，最终由物理介质进行实际传输。相邻两层之间通过接口进行通信，接口定义了下层向上层提供的服务和服务原语，保证了各层之间的互操作性和协作性。

（3）服务质量。服务质量可以通过多种参数来描述，如数据的丢失率、延迟时间和带宽等。不同的服务类型具有不同的服务质量要求，如面向连接的服务和无连接的服务。面向连接的服务类似于电话系统，需要在通信前建立连接，保证数据的可靠传输和顺序传输；无连接的服务类似于邮政系统，每个数据包都有自己的目的地址，通过系统选择的路由进行传输，不需要建立连接，具有更高的灵活性和效率。

服务质量也可以通过服务原语来描述，面向连接的服务包括请求、指示、响应和确认等原语，用于建立和管理连接；无连接的服务只包括请求和指示两种原语，用于发送和接收数据包。这些原语定义了数据传输的过程和控制流程，保证了数据传输的顺序性和可靠性。

4. 计算机网络的连接优势

个人能够享受网络提供的一切优势，这些优势包括以下内容：

（1）访问远程信息。访问远程信息已经在多方面实现。此处讨论的主题网络教学就是一种向人们提供访问全世界各种信息的有效手段。通过电子方式向服务端提问取得答复和进行数据的查询已经实现。新闻媒体也正在走向在线化，并可根据个人需要进行定制。

（2）人与人之间的通信。电子邮件已被很多人作为日常通信手段来应用。视频电视、网络新闻等方式也正成为人与人之间进行通信的日常工具。

（3）交互式娱乐。基于网络的娱乐事实上已发展为一种产业，通过网络实时聊天、游戏已经变为现实。按需视频可使人们根据自身的需求订制电影、电视等娱乐节目。

5. 计算机的网络互连技术

由于各种各样的网络已经存在并且还将继续发展，各种类型的网络技术和网络协议同时并存，所以网络互连技术必定会广泛存在。网络互连的形式主要包括：LAN-LAN、LAN-WAN、WAN-WAN 和 LAN-WAN-LAN。

OSI 模型在网络层处理网络互连问题。网络层可划分为子网访问子层、子网增强子层以及子网互连子层，并通过被称为中继（relay）的中间设备进行互连。

子网访问子层处理所有特定子网的网络层协议，它生成、接收和控制数据包，并执行通常的网络层功能。子网增强子层则用以协调可提供不同服务的子网，对不同子网起协调平衡作用。因此当子网服务太好时，它的作用不是增强而是削弱，以便与子网互连子层相匹配。而子网互连子层的主要任务是端到端的路径选择。

通常而言，中继可以在任何一层实施。按网络层次可将中继设备分为：①在物理层，可使用转发器在电缆段复制二进制位；②在数据链路层，网桥可在类似的 LAN 之间存储和转发数据链路帧；③在网络层，可用多协议路由器进行网络互连；④在运输层，可使用运输网关连接字节流；⑤在运输层以上，可使用应用网关连接不同网络。

两个 WAN 之间的网关通常归不同的机构甚至不同的国家所有，二者共同营运一台工作站级的机器存在许多实际的困难。为解决这一问题，可将中继从中间一分为二，双方各持有一半的网关。这样，网络互连的全部问题就转化为如何商定一个在线路上使用的公共协议问题。此协议是中立的，可适应双方的需要。只要双方在线路上使用这个公共协议，就可以设计各自的互连子层。

在实际产品中，网络互连中继设备的划分比较模糊。很多设备同时具有网桥和路由的功能。造成这种现象的原因，一是网桥和路由器虽有区别，但并非完全不同；二是一些产品出于商业考虑在名称和功能上并不是非常贴切。

互连在一起的网络存在很多不同之处。不同类型的网络，所提供的服务和采取的协议不同，寻址方式和广播与组播方式不同，数据包大小不同，服务质量不同，流控制和拥塞控制方式不同，安全机制不同，记账方法不同。因此，在进行网络互连时，必须考虑到这些不同，使之能够通过有效的方式进行转换。

网络互连有两种常用方式，即面向连接的虚电路方式和无连接的数据包方式。面向连接的虚电路方式须建立端到端的虚电路连接，无连接的数据包方式则需要在多个可能的路径中考虑合适的包路由。

当源端机与目的机所处的网络类型相同，但传送数据时需要经过不同的网络时，可采用隧道技术将数据包进行封装，封装后穿越异质网络，到达目的网络后再卸除封装。就像乘船摆渡的汽车一样。

互联网络的路由问题与单个网络的路由问题类似，但更为复杂，因为涉及不同的网络，必须存在两级路由算法，在各网内部采用内部网关协议，而在网络之间采用外部网关协议。

网络互连存在两面性，个人用户在互联网上漫游自然其乐无穷，但公司用户必须高度重视安全性，因为商业秘密不可外传（即便不是经营性网站的资料），病毒等数字害虫更不允许流入。为此，诸多安全措施应运而生。这些广泛使用的各种安全措施就是防火墙技术。

（二）高校网络教学的技术

远程教育模式的形成主要源于现代信息技术在教育领域的应用，它是一种结合网络技术与教育的模式。在目前教育部所出台的文件中，远程教育也被称为“现代远程教育”。这种方式的招生对象没有学历、年龄方面的要求，能几乎无门槛地为他们提供学历提升的机会。

网络教育的定义有广义和狭义之分：广义层面的网络教育是指学习者通过网络利用各类学习资源，在没有教师有计划地连续指导的情景下的学习行为活动；狭义层面的网络教育是指仅通过互联网这一平台进行的各种学习活动。

网络教育在中国市场可以分为广义市场和细分市场，广义市场主要包括所有借助网络等其他电子通信手段而展开的实施咨询、运营服务解决方案，以及学习内容等方面的市场领域；细分市场主要包括职业与认证培训网络教育、E-learning 网络教育、高等网络教育企业、中小学网络教育以及幼儿网络教育五个市场领域。

网络教育是以计算机、网络和多媒体技术等为基础的信息技术的最新成果，在现代教育学思想的指导下，对传统教育模式的革新。网络教育是一种全新的教育模式，并且将会带来一场教育革命。20 世纪 90 年代后，网络技术发展推动了人类社会向信息社会的迅速转变。网络媒体从一出现，就显示出其强大的生命力，它以巨大的信息优势以及快速的渗透方式，迅速进入管理、金融、商业、通信、新闻、医疗、教育技术、产业娱乐等一切与信息紧密相连的领域。网络媒体具有无法替代的实时交互功能，这让网络教育成为一种极富自身特色的崭新教育形式。

网络教育以学习者为主体，以计算机技术、多媒体技术、通信技术和互联网等高新技术为主要教学手段和传播媒体，综合运用图像、文字、动画、音频和视频技术的一种新型的交互式网络教育方式。网络高校通常实行弹性学制，允许学生自由选择学习期限。网络教育需要学生有很强的自制力和自主性。与传统教学方式不同的是，网络教育主要由学生通过点击网上课件（或是光盘课件）来完成课程的学习。通过电子邮件或贴帖等方式向教师提交作业或即时交流，并且教师可根据学生的具体情况安排集中面授。

1. 高校网络教学技术的特征

（1）学习行为自主化。借助网络技术展开的远程教育突破了时间和空间的限制性，使任何人都可以从任何章节、地点以及时间学习任何教学课程，这种便捷灵活的教育特点体现了学习行为的自主性，符合终身教育、现代教育的社会需要。

（2）资源利用最大化。网络教育方式颠覆了以往只局限于特定区域而展开的教学模式，从而向更加广泛的地区进行辐射性、开放性教育，突破空间的阻碍，使得远程教育成为可能。借助网络教育，学校可以网罗更加优秀的教师和更加突出的教学资源，充分发挥自身教育资源优势。

（3）教学形式个性化。计算机网络具有双向交互功能和信息数据库管理技术，这体现了它的独特性。借助这些特点，网络教育实现了两方面目的：①对每位成员的阶段情况、学习进程以及个性材料进行完整、全面的系统跟踪记录；②为每位成员提供个性化的学习策略和学习建议。由此看来，网络教育是一种高效性、个性化的教学方式，为现代个性化教学提供了现实有效的实现途径。

（4）学习形式交互化。借助网络教育，师生、学生之间可以实现全方位的交互对话，这拉近了学生与教师之间的心理距离，拓展了师生交流范围和交流机会，促进学生身心健康和全面发展。教师还可以通过网络教育对学生提问的问题种类、数量进行统计分析，并依照此结果展开有针对性的教学，从而获得良好的教育效果。

（5）不局限地区。网络教育的展开没有时间和地区的限制，使得学习成员可以节省费用和时间，以制订更加有效的学习计划。

（6）教学管理自动化。计算机网络具有远程互动处理功能和自动管理功能。在此模式下进行的教学管理中，每位学员可以借助网络远程操作考试、作业和学籍的管理及查询、选课、缴费、报名以及咨询等各项任务，突出网络教育便捷灵活的特点。

2. 高校网络教学技术的功能

（1）跨越时空教育。借助视频会议系统，学生可以突破空间的障碍去聆听各个领域优秀教师的授课，并且能够通过网络远程教育获得丰富的教育学习资源，体会到教育信息化带来的巨大改变，最终实现优秀教育资源共享。在知识经济时代，每个人都需要通过不断学习来满足社会发展的各种需要，因此，教师教育培训工作的加强就显得尤为重要。而网络教育模式的出现，使得教师可以按照自己的学习方式、速度，在自己合适的时间和地点展开学习活动，使工作学习的时间安排更加合理。

（2）网络视频工作。教育领域的工作者经常需要开展教学观摩、远程教学、行政会议等工作，而参加会议的人往往又遍布世界各地，并且召开的日期、地点通常也都是随机的。网络视频使得那些参加会议的人员能够节省大量费用和时间，既不用长途跋涉，又能随时参会。

（3）进行学术交流。教育行业工作者不仅需要参加行政会议，还要与世界各地的权威教授学者、研究机构学者共同参与深入的经验、学术交流活动和临时学术会议。当然，在传统集中式的学术交流活动中，通常因为参会人员、地点以及时间的限制而降低了交流活动的良好效果。因此，远程教育系统的使用不仅可以节省大量费用、资源和时间，还可以跨越时间和空间的局限，展开深入的交流与探讨。远程教育系统还具有强大的数据功能，从而为来自各地的学者制造一个多人共享的工作平台，突出了多人实时交流对话的特点。参会者可以利用系统中文件传送和文档共享等功能，将文字、报表、图形以及数据等信息传送给其他与会者，从而达到随时随地交流讨论。

（4）网络教学资源共享。借助视频会议系统，学生不仅可以学习到更加优质的教学资源，还能够参与到论文评审、校际联谊等活动中，这拓宽了学生的视野，提高了学校教学质量。

（5）促进教育信息化改革。远程教育跨越了空间和时间，弥补了传统教学方式中的一些不足，为学校的教育改革提供了良好的实施平台。

作为新型的教学形式，远程教育具有交互、跨远程的优势，不仅颠覆了以往课堂教学方式中面对面交流的地域局限性，而且还能够将大量优秀的教育资源在此汇集，充分发挥教育功效，满足现代教育和终身教育的社会需要。

一般而言，远程教学具体包含广播电视教学以及函授教学，主要有三个发展历程，即函授教学、广播电视教学以及网络教学。函授教学、广播电视教学均为单向信息传递，师生之间的信息传递、交流具有一定的局限性。网络教学具有交互式、开放式教学特点，可以实现信息实时、多向交流，学生可以突破时间和空间的局限，与其他学生、教师进行线上交谈，不仅能够高效完成教学计划，而且还为未来教育手段的实施提供实践基础。

二、混合教学系统中网络教学平台的课程资源建设

（一）网络课程资源建设的具体原则

在构建网络课程资源时，除了遵循教学设计的基本原则外，还需考虑一系列具体原则以确保课程的有效性和质量。这些原则包括个性化、开放性、交互性、动态性、共享性和可评价性。

第一，个性化原则。个性化的教学是根据学生的不同学习需求、兴趣和能力，提供相应的教学内容和学习支持。网络课程应强调以学生为中心，体现学生学习的个性化特点。学生应被视为学习的认知主体，他们通过主动探索、发现问题、意义建构的过程进行学习。因此，网络课程的设计要重视学生的主动性和个性化需求，提供多样化的学习路径和资源，以满足不同学生的学习方式和节奏。

第二，开放性原则。网络课程应该对学习者开放，让学习者按需参与。课程资源也应该是开放的，包括提供相关参考资料和链接，以及多角度的解释和描述，让学生对多种观点进行辨析与思考。通过开放式的课程设计，学习者可以根据自己的兴趣和需求选择适合自己的学习路径，从而提高学习的效率和积极性。

第三，交互性原则。交互包括学生与教师之间的交互、学生与学生之间的交互以及学生与学习材料的交互。在网络课程中，应该包含在线讨论、论坛等师生互动模块，以及设计灵活多样的学习内容，以提高网络课程的交互性。通过与教师和同学的交流互动，学生可以更好地理解和运用所学知识，同时也能够培养团队合作和沟通能力。

第四，动态性原则。随着科技的快速发展，知识的更新和变革日新月异，网络课程的内容需要不断更新、吸收本学科领域最新的科技成果和前沿信息，以保持课程的新鲜感和吸引力。网络课程的设计应该具备方便更新、扩充新内容的特性，以满足学习者对知识迭代的需求。

第五，共享性原则。网络课程的设计应该充分利用网络资源，引入丰富的学习资源供学习者使用。对于重要知识点，应该通过链接、提供网址等多种方式，引导学习者获取更多学习资源，以丰富学习体验和加深学习理解。

第六，可评价性原则。在设计网络课程时，应该设计科学合理的评价体系，及时了解学生的学习情况，为学生提供个性化的学习指导和支持。评价方式应该多样化，包括考试得分、试题答案解析以及教师对作业的批阅等，以全面了解学生的学习水平和需求，进而指导他们进行有效学习。

（二）网络课程资源建设的结构模型

网络课程资源的建设需要一个清晰的结构模型，以确保课程的有效管理和高效运作。基于网络课程资源建设的原则，并结合 Blackboard 平台的功能，可以构建一个包括学习资源层、学习支持层、课程用户层和教学管理层的结构模型。

第一，学习资源层作为网络课程的内容展示层，是学习者获取知识的主要入口。该层的主要功能是展示网络课程的内容和相关资源，为学习者提供丰富的学习资料和信息。在 Blackboard 平台上，学习资源层可以看作一个集合了各种学习资料的仓库，包括课程大纲、教材、课件、视频、音频、习题等。这些资源应该与课程内容密切相关，且满足学习者的需求和学习目标，从而为他们提供全面而系统的学习支持。

第二，学习支持层利用 Blackboard 平台提供的教学工具，为教学和学习提供支持和辅助。这一层的功能包括但不限于搭建学习论坛、发布调查问卷、进行在线考试等。通过这些工具，教师可以与学生和其他教学参与者进行互动交流，了解学生的学习需求和进展情况，并及时提供反馈和指导。学生也可以通过这些工具与教师和同学进行互动，共同探讨问题、解决困难，促进学习效果的提升。

第三，课程用户层包括教师用户和学生用户两类。教师用户拥有管理课程、注册学生用户等权限，可以对课程内容进行编辑、组织教学活动、管理学生等。学生用户则可以浏览课程内容、参与讨论和调查、进行在线考试等。在 Blackboard 平台上，教师可以根据课程需要进行用户管理和权限设置，确保教学活动的顺利进行和管理的有效性。

第四，教学管理层是由教师负责对课程进行管理的层次。这包括上传课程内容、组织教学活动、管理学生用户等。教师通过 Blackboard 平台可以轻松地管理课程，包括更新课程内容、布置作业、发布通知等。管理员也可以参与进来，对整个系统进行管理，如修改教师用户权限等。这一层的存在保证了课程的有序进行和高效管理，有利于提升教学效果和学习体验。

三、混合教学系统中网络教学平台的教学互动技巧

（一）运用网络教学平台进行实时交流

网络教学平台为学生提供了自主学习的机会，然而，实时网上交流和同步互动也被越来越多的教师所重视。下面探讨如何有效地利用网络教学平台进行

实时交流，并就实施实时交流所需的准备工作、实时交流的主要参与者、交流内容、平台选择、工具使用、公告发布以及交流结果的后续处理等方面展开探讨。

第一，组织一次成功的在线实时交流需要充分准备。首先，教师需明确交流的主要参与者，可以是小组或整个班级，同时确定主讲人是教师还是某位学生。其次，教师需确定交流的内容。为了吸引学生的兴趣，交流内容最好与学生的兴趣相符，并且需要提前与学生协商确定讨论的主题和角度，避免话题过于散漫。

第二，在确定了交流参与者和内容后，选择合适的平台显得尤为重要。Blackboard 平台提供了多种实时交流工具，如“聊天”和“虚拟课堂”。其中，“聊天”工具类似于普通的文字聊天室，适用于文字集体讨论，“虚拟课堂”工具则更加强大，支持文字聊天、分组交流以及资源共享等功能。当然，也可以根据需要选择其他平台，但教师需要考虑自身的需求和网络情况来做出选择。

第三，在确定了平台后，教师需要熟悉平台工具的使用流程，以确保交流活动的顺利进行。提前发布实时交流的公告也是十分必要的，这样可以让学生有充分的准备时间。

第四，在实时交流活动中，教师应避免过多地讲解原理和概念，而是侧重于交流和分享。交流结束后，教师应及时将交流的文字记录或录像以及其他资料发布在课程中，或通过其他方式与学生共享，以便学生进一步学习和复习。

（二）维护网络教学平台的讨论秩序

在课堂教学之后开展相应网上讨论，有助于学生深入地理解课程内容。讨论其实是在模仿传统教室环境中师生、学生之间面对面的交流，是可以让学生产生求知欲的有效方式，但是网上讨论也常会遇到很多困难，如不参与讨论、跑题、不当言论等，因此如何保证论坛的秩序，并进一步促进交流是教师应当具备的技能。

第一，设置论坛规则。在网络课程一开始就要说明本课程论坛的规则，说明论坛中鼓励的行为和不鼓励的行为，如不要在讨论区讨论与课程无关的话题等。可以和学生约定好发帖的要求，如可以要求学生每周发三个帖子：第一个是原创帖；第二个帖子是对别人帖子的回应，必须要谈自己的看法和观点；第三个帖子是对自己原创帖子所有回应帖的总结和评价。总之，论坛规则最好简洁明了。

第二，营造安全的学习环境。网上讨论最大的难度在于要保证让学生在感觉安全的环境下分享他们的个人经验、观点和思想，探索新概念，加深他们对材料的理解。鼓励学生积极、大胆发言，不要因为害怕错误而不敢发言，允许学生有批判性的思考。

第三，让学生成为讨论的主角，不要干扰讨论方向。网上讨论的主角必然是学生，学生们在论坛中一起讨论、贡献知识。如果教师过多地介入，会打断学生的原有思路，学生会把教师当作“权威”，可能会由于畏惧“权威”而不再发表不同观点，或者刻意等待教师的发言。

第四，精心设置论坛分区，防止学生“跑题”。课程中会有一些较为活跃的学生，他们积极发言，但其帖子有可能“跑题”，对此，需要及时将学生带回主题。例如，每周话题区可以安排与本周所学内容相关的话题进行讨论；作业讨论区讨论作业，包括对作业要求的理解，可以展示一些优秀作业，或者针对作业中出现的共性问题进行解答；平台使用技术问题讨论区，讨论解答在平台学习过程中所遇到的技术问题；教学建议区讨论学习体会，收集教学建议；休闲咖啡区供学生讨论一些与课程无关的话题，允许他们在那里抒发感情，畅所欲言。精心设置的分区有助于帮助学生养成好习惯，以清晰的结构配合有效组织的话题，方便学生快速找到感兴趣的话题，促进学生的积极参与。

第五，设置论坛的专项管理人员。如果论坛版块较多、发帖量较大，教师自己管理论坛可能难以兼顾，则可以在每个讨论区设立专门的管理人员来直接管理讨论板中的帖子，以促进有效的对话和讨论。可以为论坛中的用户指定具有管理功能的论坛角色，如管理者、主持人和评分者。首先，管理者可完全控制论坛。管理者可更改论坛设置、仲裁帖子和指定成绩。管理者角色只能指定给课程教师或其他具有类似责任的人员。在默认的情况下，具有教师或助教课程角色的用户将被授予此论坛角色。其次，主持人设置帖子对于课程中的所有用户可用之前，需要复查帖子。主持人也可删除或修改任何论坛中的所有帖子，即使该论坛不使用“待审核队列”。请确保主持人富有责任心并且了解相应帖子的标准。最后，评分者将复查讨论区帖子并在成绩中心输入成绩。评分者拥有某些访问成绩中心的权限，并分配给负责指导和评估学习的用户，如教师或助教。评分者的论坛权限中不包括访问控制面板的权限。默认情况下，具有评分者课程角色的用户将被授予此论坛角色。

第六，通过举办活动推动讨论。在论坛不太活跃的时候，教师可以抛出一些问题，引发学习者的讨论，营造讨论氛围；在学习者积极参与论坛的时候，也可以提出一些更有深度的问题促进学习者进一步思考和反思，引导学习者提出更多问题。这些问题应该具有开放性，以促进答案的多元化。这里要注意教师只是抛出问题，不要对问题作答，让学习者自由发挥，起到让学生自己探索、在协商中建构知识的目的。还可以设计一些观点投票活动，然后根据投票结果，组织一些辩论活动，或者要求学生收集某些话题资料在论坛中共享。

第七，提供小组合作的机会。人数很多的时候，可以把学生分成若干小组。系统自动分组、教师分组、自己组队这些方法都可以使用。小组可以是长期的，也可以是临时的。建议采用“组内异质，组间同质”的原则进行分组。

（三）网络教学平台讨论的监控与反馈

网络教学平台讨论的监控与反馈是在线教育中至关重要的环节之一。教师在开展网上讨论活动时，需要密切关注学生的参与情况和学习成效，以确保课程的顺利进行。利用网络教学平台的工具，特别是 Blackboard 平台提供的各种功能，教师可以有效监督学生的讨论情况，并对其进行及时评价和反馈，以促进学生的学习和发展。

1. 利用成绩指示板观察学生讨论情况

在 Blackboard 平台的网络课程中，成绩指示板是教师了解学生讨论情况的重要工具之一。通过成绩指示板，教师可以直观地了解到学生在论坛中的表现情况，从而及时进行监督和反馈。成绩指示板提供了以下几项关键数据，帮助教师全面了解学生的讨论情况：

（1）帖子总数。反映了学生在指定论坛中发布的帖子数量。通过观察帖子总数，教师可以了解到学生的参与程度和活跃度。

（2）上次发帖日期。显示了学生最新一次的发帖时间。这可以帮助教师发现哪些学生已经很长时间没有参与讨论，以便及时进行提醒和引导。

（3）帖子长度。包括帖子的平均长度、最小长度和最大长度。通过这些数据，教师可以初步评估学生的发帖质量和深度，进而对学生的表现进行分析和评价。

除了以上数据，成绩指示板还提供直接向学生发送邮件的功能，教师可以利用这一功能及时提醒那些没有按时参加讨论活动的学生，促使他们积极参与到讨论中来。

2. 对学生的讨论情况进行评价

在 Blackboard 平台的网络课程中，教师可以通过两种形式对学生的论坛表现进行评价：为论坛评分和为话题评分。这两种评价方式各有侧重，教师可以根据具体情况进行选择和运用。

（1）为论坛评分。适用于评估整个论坛中学生的表现。教师可以根据学生在整个论坛中的发言情况和质量，对其进行综合评价。通过为论坛评分，教师可以了解到学生在整个课程期间的讨论表现，及其在讨论活动中的参与度和贡献度。

（2）为话题评分。适用于评价某一个话题中学生的表现。在为话题评分时，学生无法创建新帖子，只能回复帖子。这种评价方式可以使得学生更加集中地讨论某一特定话题，从而深入探讨该话题的各个方面。

四、混合教学系统中网络教学的评价体系

随着计算机在教育领域的应用普及和多媒体技术、网络技术的不断进步，计算机辅助教育（CBE）在信息时代现代化教育中的地位日益上升，显示出了传统教育所不能比拟的优越性。计算机在教育领域的各类应用通常被称为“计算机辅助教育”。计算机辅助教育包括两大方面：①计算机辅助教学作为现代教育技术中的主要内容正成为授课教师的得力工具；②计算机管理教学，已经用于学校的日常教学管理之中。

网络教学评价是网络教学的重要组成部分，对网络教学质量起着重要把关作用。与传统的教学评价相比，网络教学评价显得更为重要和复杂，这是由网络的非现实性决定的。它使教学的环境变得更为复杂，导致教师以及相关的评价部门有时难以观察到学生的真实行为，难以对教学效果做出综合性的判断。

（一）网络教学的评价内容

课堂教学评价主要针对学生、教师、教学内容和媒体四个必要因素。网络教学的目的主要是给学生提供学习的途径、资源和方法，使学生获得知识与技能，最终实现个人的全面发展。因此，对学生的评价是网络教学评价的主要内容。教师也是网络教学过程中必不可少的必要因素。需要注意的是，在网络教学中，教师和学生在时空上是分离的，基于教育教学手段的特殊性，就需要将教师与学生有效衔接在一起，其中的纽带就是网络学习资源和网络学习支持服务。因此，网络教学评价包括对学生、教师、网络学习资源、网络学习支持服务方面的评价。

1. 教师评价

现代网络教育的崛起标志着教育领域的一场深刻变革，不仅改变了传统教学方式，更改变了教师的角色和教学评价的标准。传统上，教师扮演着信息传递者的角色，而学生则是被动的信息接受者。然而，随着网络教育的发展，这

种模式正在逐步改变。现代网络教育要求教师不再只是传授知识，而是成为学生学习过程中的协调者、组织者、评价者和指导者，这为教师评价提出了新的挑战和要求。

（1）教学活动的组织。优秀的教学活动组织直接关系着网络教学的质量。教师需要及时调整和引导学生的行为，激发他们的学习兴趣，关注学生的各种学习表现，并根据学生的能力差异设计不同程度的练习或作业。教师还应及时批阅学生的练习或作业，并给予个性化的反馈意见，帮助学生改进。在学生遇到困难时，教师需要给予及时引导和帮助，有效地组织学生参与讨论区的交流和讨论，分析学生的发言情况并做出精准决策。这些都是评价教师教学活动组织能力的重要指标。

（2）学习资源的提供。在网络教学中，学生是自主学习和小组协作学习的主体，因此教师提供的学习资源质量直接影响着学生的学习效果。教师需要提供丰富多样、学科相关的学习资源，以满足学生个性化的学习需求，并且要对这些资源进行加工处理，使其具有序列化、逻辑化的特点，方便学生获取和理解。教师还应提供与课程或专题相关的扩展性资源，帮助学生深入探究问题。因此，评价教师学习资源提供的质量需要综合考虑资源的量和质。

（3）学生成绩。教师应根据学生平时的测验练习、实践作品、考试成绩等多方面进行评价，并结合多种评价方式对学生成绩进行评定。这种多元化评价可以更准确地反映学生的学习情况，同时也能够更好地评价教师的教学效果。

2. 学生评价

学生是学习活动中的重要主体，因此网络教学更应该注重为学生提供更加便捷、灵活且丰富的学习方法、学习资源和学习途径，从而使学生获得技能与知识的双重提升，提高学生的综合素养，促进学生全面、和谐、健康发展。因此，在现代网络教学环节中，教师应当重视对学生学习结果、学习过程的评价，进而满足学生个性化需求。

（1）学生学习过程的评价。现代教育评价理论已经跳出仅针对学生学习结果进行评价与测量的窠臼，针对学习过程的评价受到日益广泛的关注和重视。在网络教学评价中，对学生学习活动（过程）的评价尤为重要。通过对学习活动的评价，能够发现学生在学习过程中遇到的困难与问题，从而为及时反馈、改进教学提供依据；通过对学生在学习活动中的表现进行监控评价，也能够了解学生学习的积极性、主动性、态度、风格等不易直接观察而又对学习至关重要的方面，从而为学生提供个性化的服务与帮助。

对活动或过程的评价能够帮助学生清晰了解个人的学习现状，找到努力的方向，从而提升学习质量，取得显著的学习效果。因此，对学生学习过程的评价主要包括：对学生参与学习活动情况的评价，如交互程度、答疑情况、解决问题的策略与能力等；对学生资源利用状况的评价；对学生学习态度的评价。关于学生学习过程的评价，具体如下：

第一，学生参与学习活动情况的评价。学习的过程就是学生与教学的其他要素进行交互的过程，学生参与教学活动的行为即为学习效果的表现，对这些行为的评价可有效调控学生的学习。借助网络交流工具，学生可以收获更加丰富的学习资源，而教师也可以从平台显示的相关数据了解学生参与学习活动的情况，统计学生与线上教学资源、其他同学以及教师交互对话的程度，并且还可通过网络平台讨论区上的发言数量，掌握学生对学习信息的认知情况，进而探究学生学习的积极性和主动性，从而为后续教学活动的展开做出适当调整。网络平台还可以显示学生提问的种类、数量以及提供解决方法的次数，使教师能够对学生的学习情况有更加全面的了解。

第二，学生资源利用情况的评价。网络环境为学生的学习提供了丰富的资源，但并非每个学生都能在资源利用方面达到优秀，如果不善于利用资源，会使学生迷失在庞大繁杂的信息海洋中。因此，学生利用网络学习资源的能力和水平，对其学习效果具有至关重要的影响。具体来讲，学生资源利用情况的评价主要是对学生在学习资源、网络教学平台使用方面情况的评价。例如，教师可以通过网络平台上展现的学生登录时间、注销时间，来确定学生借助网络平台进行学习的时间，也可以从网络课程内容的浏览数量、浏览范围方面，了解学生所学习的课程内容和学习进度，并借此掌握学生对相关内容学习的广度和深度。教师也可以利用学生向问题中心提交的问题和解决方案、在讨论区发言的情况以及发表的资料，甚至是对网络课程的修改、建议等，了解学生学习的态度、对学习主题的理解、问题的解决情况等。

第三，学生学习态度的评价。学习态度是习得的、影响个人对学习作出行为选择的、有组织的内部准备状态或反应的倾向性。通常，态度是由三种具有层次性的心理成分组合而成的，即认知成分，主要是对事物的了解和评价；情感成分，主要是对事物的喜爱或厌恶程度；意向成分，主要是反应倾向、行为的准备倾向或行为的准备状况。特定的学习态度并不决定特定的行为表现，但学习态度在一定程度上会导致学习行为的某种趋向。一般而言，意向成分制约着人对某一事物的行为方式，所以可以通过对行为方式的测量，推测其认知和情感成分。同样，由于态度具有可变性，也可以通过对学习活动中前后两种学习态度进行对比，来实现对学习态度的测量评价。

（2）学生学习结果的评价。对学生学业成果的评价是教育教学的重要组成部分。教学活动的最终目的是促进学生的知识增长、能力提高以及全面发展。评价学生学业成果可以反映出教学的效果。这种评价主要通过以下几个方面来实现：学生在网络教学中达到的学习目标程度、任务完成情况、达标测试成绩、实践作品质量、信息素养水平以及创新能力等。依据这些评价，可以评估网络教学在教育教学中的实际效果。具体的学生学业成果评价包括以下方面：

第一，学习目标达成度。学习目标达成度是学习目标的实现程度。人们将认知领域的学习目标从低级到高级分为六级，即记忆、理解、应用、分析、评价与创造。通常，可以通过设计各种测验来对学生的知识发展变化进行评测，以达到评价学生学习目标达成度的目的。

第二，任务完成情况。对学习任务完成情况的评价主要从学习任务的完成程度和完成效率方面来考查。在学习活动中，学生讨论问题、与他人交流对问题的看法、自身思考问题、收集与问题相关的资料、提出问题的解决方法、对问题下结论等都是任务完成情况的表现，整个过程可划分为三个阶段：问题的提出、问题的解决和对问题解决方案的评价，对任务完成情况的评价，既可从这三个方面展开，也可从解决问题的每个步骤入手进行评价。

第三，达标测试。达标测试就是根据测试目的，让学生在规定的时间内，按指定的方式，解答教师预先准备的测试题目或是量表题目。测试结果用数值的形式表示，是更全面评价学生的基础。达标测试是教学评价的一种测量手段和资料收集手段，主要有成绩考试、水平测验和诊断测验等几种类型。其功能主要有：鞭策与激励学生的学习、改善教师的教学、评价教学的效果等。

第四，实践作品。网络环境下的学习具有很大的自主性，但这种自主性不是随意的和任意的，而是在一定教学目标的规定下进行的。教师通常会采用任务驱动策略进行教学，通过学生任务完成情况对学生的学习进行评价，任务完成的表现形式可以是口头报告、作品、实验等实践作品。实践作品在一定程度上反映了学生的学习过程，也体现了学生学习的效果，反映学生对知识、技能的掌握程度及其能力提高的程度。

第五，信息素养。在网络教学环境下，对学生信息素养的评价是教育教学的重要组成部分。信息素养涵盖广泛的领域，主要包括信息知识、信息能力以及信息意识和信息伦理道德三个方面。对学生信息素养的评价应当从这三个方面综合考量，以全面反映学生在信息时代的素养水平。

第六，创新精神。培养学生的创新精神主要从培养创新意识、创新思维能力、创新实践能力、创新品格等方面着手。

3. 学习资源评价

传统教学中学习资源是相对稳定的，往往是一些比较固定的学习教材和辅导资料。但在网络教学环境中，学生的学习不再受时间、空间的限制，网络学习资源成为整个教学活动实施的主线和开展网络教学的基础，学生获取知识、增强能力的渠道也更多元化。丰富的资源和便捷的资源获取方式可谓网络教学的突出优势。

（1）现代网络学习资源的类型。根据网络学习资源的构成方式，可以把网络学习资源分为三大类：①基础资源，包括网络课程教学中用到的文本、图形图像、动画、音频库、视频库、学科基本符号和学科基本图形库；②集成资源，包括微教学单元库、案例库、试题库、常见问题库、名词术语库、参考资料库、网址库和共享软件库等；③整合资源，包括微课、优课、网络课件、虚拟仿真教学资源、在线开放课程等形式。网络学习资源包括网络上所有可能对教学活动有帮助的信息资源，强调多种媒体形式的有机呈现，大量的网络学习资源形成了高度综合、集成、数字化的学习资源库。

（2）网络学习资源的评价内容。对网络学习资源质量的评价主要是对网络学习资源的目标与内容、结构与功能、超链接与导航、多媒体表征与素材质量以及技术规范的评价。

第一，对目标与内容的评价。对目标与内容的评价主要是看教学目标是否清楚、可实现，教学内容是否具有科学性和教育性，是否能够激发学生学习的主动性和兴趣、调动学生参与交流与讨论的积极性。目标能否因人而异、内容能否及时更新也是评价的重要参数。

第二，对结构与功能的评价。对结构与功能的评价主要是看网络学习资源的组织与呈现是否结构紧凑，是否具有系统性和逻辑性，是否能体现教学的引导作用，是否有利于学生对知识的接受和参与。

第三，对超链接与导航的评价。对超链接与导航的评价主要看导航是否合理、便于使用，是否能够清楚地帮助学生定位自身在课程中所处的位置而不致发生网络迷航现象；对超链接的评价则主要看其是否清晰一致、具有学习过程记录功能，是否便于学生随时进入学习内容、实现同化与顺应的过程并完成对知识的意义建构。

第四，对多媒体表征与素材质量的评价。对多媒体表征与素材质量的评价主要是看媒体形式是否丰富，媒体与内容是否具有内在的一致性，即采用特定的媒体对特定的教学内容进行表征是否是最合适的，是否允许不同风格的学生以个人偏爱的方式进行学习，是否允许学生从不同的角度实现对同一内容的探究学习，素材是否经过加工整理，是否丰富多彩、符合教学需要等。

第五，对技术规范的评价。对技术规范的评价主要看所使用的技术是否具有通用性，符合特定的技术标准；是否具有可扩展性、稳定性，能够支持不同的学习策略，便于学生获取信息并对信息做出加工处理。

4. 学习支持服务评价

在网络教学中，网络是媒介和基础，是教师、学生及学习资源之间联系的纽带，它使得教与学的活动在时空上分离。如果网络学习支持服务出了问题，那就意味着教师、学生及学习资源之间的联系被割断，网络教学将无法进行。因此，网络教学的实现需要可靠、安全的网络教学平台和网络学习支持服务。在开展网络教学前，教师要充分考虑网络学习支持服务的安全性、稳定性、便捷性，以及它对教学交互和教学策略的支持能力等方面问题。网络学习支持服务既包括以物为主的网络教学平台，又包括以人为主的学习支持服务。只有网络学习支持服务系统有良好的功能，网络教学才可能有成效。

（1）网络教学平台的评价。网络教学平台主要包括教师备课平台与工具、实时交互授课系统和学生学习平台。教师备课平台与工具帮助教师对大量的学习资源进行系统性加工整理，从而为教师提供更加快捷的资源检索、组织手段，方便教师展开教学活动。实时交互授课系统则借助网络技术构建了一个规模可扩缩的虚拟教室，帮助师生之间进行实时交互。学生学习平台主要为学生提供了文字交流、视听以及多媒体功能。

（2）网络学习支持服务的评价。网络学习支持服务的评价是对进行网络教学过程中提供的各种服务进行评估的重要环节。这些服务的范围涵盖了从教师的教学指导到信息技术人员的系统运行、工具使用和技能培训等多个方面。随着网络教学环境的逐步完善，对网络学习支持服务的评价变得尤为重要，因为它直接关系到网络教学的有效性和学生学习的质量。首先，网络学习支持服务的评价应该关注服务的内容和质量。这包括教师提供的教学指导服务，如在线讲解、作业布置、学习资源推荐等，以及信息技术人员提供的系统运行服务、工具使用服务、技能培训服务等。评价内容可以包括教学内容的丰富度、教学方法的多样性、系统运行的稳定性、工具使用的便捷性、技能培训的实用性等。通过对服务内容和质量的评价，可以了解到服务是否符合学生学习的需求，是否能够有效支持学生的网络学习活动。其次，评价网络学习支持服务还需要考虑服务的规范和效率。规范的服务流程和操作规范是确保服务质量的重要保障。例如，教师在网络教学中的指导应该遵循一定的教学流程和规范，信息技术人员提供的系统运行服务也应该有明确的操作规程。此外，服务的效率也是评价的重要指标之一。学生在网络学习过程中，如果遇到故障或者问题，需要得到及时响应和解决。因此，评价网络学习支持服务时，需要考察服务的响应速度、问题解决效率等方面。

网络学习支持服务的评价还应关注服务的专业水平和个性化程度。专业水平体现了服务人员的专业知识和技能水平，包括教师的教学能力和信息技术人员的技术水平。而个性化程度则体现了服务是否能够根据学生的个性化需求进行针对性的支持。例如，教师可以根据学生的学习情况和特点调整教学方法和内容，信息技术人员可以根据学生的需求提供个性化的技术支持和培训服务。评价网络学习支持服务时，需要综合考量服务人员的专业水平和服务的个性化程度，以确保服务能够真正满足学生的学习需求。

此外，还应当重视对网络学习支持服务系统的评价，包括信息技术服务队伍建设、服务规范建设，以及教师在网络教学环境下的指导方法与指导内容等的建设。网络教学服务质量的好坏直接决定网络教学的成功与否，因此，必须加强对网络学习支持服务系统的评价，不断改进和提升服务质量，为学生的学习创造良好的学习环境。

（二）网络教学评价的特征

网络教学评价与传统教学评价相比有其独特个性。例如，在评价目标方面，网络教学评价以提升学习者素养技能、促进学习者发展为评价终极目的，而传统教学评价主要为了甄别和选拔；在评价内容方面，网络教学评价更侧重对学生核心素养的评价，而传统教学评价重点考查学生对学科知识的记忆和理解；在评价方式方面，网络教学评价采用新兴智能处理技术，实现评价数据的收集、分析，以及结果的反馈，并有机结合量化评价和质性评价，而传统教学评价方式相对单一，以纸笔为主，注重量化结果。

当前，云计算、大数据、物联网、移动计算等新技术受到广泛应用，网络教学环境大幅改善，不断推动网络教学评价朝着智能化、智慧化方向发展，使得现阶段的网络教学评价具有不同于以往的特点，具体如下：

第一，利用大数据。在当前这个数据为王的时代，数据成为重要的无形资本，它为教学评价，尤其是网络教学评价提供了崭新思路。大数据能够收集在过去既不现实也不可能集聚起来的反馈数据，其背后蕴藏的重要信息对提高教学有效性等具有重要作用。通过对网络教学系统采集的大数据进行挖掘和分析，可以探索教学评价、学习内容、学习方法等变量与学生学习效果的相关关系，使得教学评价更加全面、客观，进而使得了解、评估、预测教学行为更加简单、精准、科学。

第二，注重学习分析。网络教学评价数据来源广泛，数据集过大，数据类型繁多，数据更新速度过快，势必要采用学习分析技术进行科学处理，以数据驱动的网络教学评价，必然包括大量以不同目的命名的“分析”。网络教学评价依托学习分析为学生提供实时行为和内容活动反馈、推荐社交网络信息等分析报告等，主要目的在于优化学生的学习进程。例如，网络学习系统记录并理解学生学习的过程及不同的学生在不同的情境中是如何学习的，这些数据可以作为评价学生学习的数据。通过数据进行学习分析，可分析出其背后的原理，进而为不同的学生设计个性化的学习方案，推送不同的学习资源，优化和改进不同学生的学习方法。

第三，强调过程动态性。学习是一个动态发展的过程，评价主要是为了促进学生的学习和发展。因此评价不仅要在学习过程结束后进行，更要贯穿于学习的全过程中。网络教学评价强调对网络教学的过程进行实时监控，利用即时的反馈信息来指导、调控甚至补救网络教学与学习活动，不过分追求目标的标准化和方法的规范化。因此，网络教学评价强调实时动态性，注重评价标准的多维性、评价过程的对话性、评价方式的多样性、评价目的的发展性、评价机制的激励性等，进而实现网络教学评价系统与网络教学系统的无缝衔接。

（三）网络教学评价的功能

网络教学的特点决定了它具有与传统教学不同的评价功能。网络教学的数字特征，决定了它的功能主要是对网络学习过程中师生的在线行为进行精确的把握与分析，以对网络教学过程中的教学效果及目标等做出评价判断，对教学过程进行监控，以保证教学的质量。网络教学评价具有一定的导向、诊断、调控和激励功能，具体内容如下：

第一，导向功能。网络教学评价的导向功能是指网络教学评价本身所具有的引导评价对象朝着理想目标前进的功效和能力，这是由评价标准的方向性决定的。因为网络教学评价标准具体规定了评价的各方面以及各个方面所占的权重。对被评价对象来说，这些评价方面及其权重起着“指挥棒”的作用，为其努力指定方向，被评价对象必须按目标努力才能达到合格的标准，否则就得不到理想的评价结果。

第二，诊断功能。网络教学评价的诊断功能是指通过对分析与评估网络教学过程中师生的在线行为等因素，对网络教学实施过程中存在的问题进行分析与归纳，得出当前网络教学活动中存在哪些问题，问题出在哪些方面和具体成因，并提出相应的修改意见。网络教学评价就像一张晴雨表，时刻监控整个教学过程，起到诊断的作用。

第三，调控功能。从网络教学评价的结果中得到的信息可以让网络教学的实施者和接受者从中发现问题，并及时进行修正和补救，从而使网络教学活动在不断循环修正中得到改进，使网络教学活动更顺利、有效地进行。通过将网络教学过程科学、全面、合理地呈现给设计者和使用者，网络教学评价可以对教学活动提出建设性的意见，以达到对其调控、改进的目的。

第四，激励功能。网络教学评价使教师和学生认识到自身存在的优点与不足，激发他们的竞争欲望，激起他们的内部动力和主观能动性，以追求更好的评价结果，从而起到教学相长的效果。各种评价结果可以激励开发者对教学支撑平台的设计进行优化。

（四）网络教学评价的阶段

网络教学评价是一个动态的、循环往复的过程，它需要教师、学生、管理者在使用过程中，通过论坛、问卷、访谈记录等形式不断进行评价。尽管对不同评价对象的评价方式有很大不同，但一般都经历设计、实施、分析、反馈四个评价阶段。随着网络技术在教育教学领域的迅速发展和广泛普及，网络教学的评价方法也出现了新的工具支撑，大数据、学习分析、可视化等新型网络教学评价方法，正大势影响传统评价方法，并受到专家学者以及一线教师的关注及应用。网络教学评价过程一般包括以下阶段：

1. 评价分析阶段

在评价分析阶段，使用统计产品与服务解决方案（SPSS）、Excel 等工具对评价的数据进行初步分析和处理是至关重要的。这一阶段的目标在于获取数据、清理数据、进行误差诊断、鉴别数据的使用价值，从而确定评价的有效性。随后，对数据进行初步分析，将各类数据与评价标准进行比较，考查各种现象之间的相互关系，对反映学生学习过程和结果的数据进行归纳和分析，最终形成综合判断并得出结论。评价分析阶段的数据分析和处理是为了对教学的效果进行诊断或价值判断，识别出教学或学习中的问题，并提出解决问题的策略和方法，最终形成评价结论和报告。

（1）在评价分析阶段，对数据进行初步处理是必不可少的。这包括数据的获取和整理，以确保数据的完整性和准确性。在获取数据的过程中，需要注意数据的来源、采集方法和时效性，确保数据具有代表性和可靠性。在数据整理过程中，需要进行数据清洗，去除无效数据和异常值，以确保后续分析的准确性和可靠性；还需要进行误差诊断，发现数据采集和处理过程中的错误和偏差，及时进行修正和调整。

（2）在数据清洗和整理完成后，需要进行数据分析。这包括对数据进行统计描述和分析，探索数据之间的关系和规律。统计产品与服务解决方案（SPSS）和 Excel 等工具提供了丰富的数据分析功能，可以进行描述性统计、相关分析、回归分析等，帮助研究者深入理解数据，并从中发现潜在的规律和趋势。通过将各类数据与评价标准进行比较，可以评估教学活动的效果和学生的学习水平，发现教学中存在的问题和不足之处。

（3）在数据分析的基础上，对反映学生学习过程和结果的数据进行归纳和分析。这包括对学生的学习行为、学习成绩、学习态度等方面的数据进行深入分析，探索学生学习的特点和规律。通过对数据的归纳和分析，可以更加清晰地了解学生的学习情况，发现学习中的问题和障碍，为教学改进和优化提供依据和参考。

（4）在综合归纳和分析数据的基础上，形成综合判断并得出结论。这一过程需要结合评价标准和实际情况，对教学的效果进行全面评价和分析。在得出结论的同时，还需要提出解决问题的策略和方法，指导未来的教学实践。评价结论和报告应当具备可操作性和指导性，为教育决策提供科学依据。

2. 评价设计阶段

在网络教学中，评价设计阶段的科学合理性直接影响评价的质量与效果。评价设计的任务是根据网络教学的特点和发展需求，明确评价的目标、内容、主体和方法，并规定实施评价的具体活动。评价设计不仅是评价的灵魂所在，更是评价理念的具体体现，它直接指导着评价活动的顺利实施。

（1）评价设计需要明确评价目标。评价目标的明确性是评价质量和效果的关键。在确定评价目标时，首先要考虑评价的终极目标，即评价对象应达到的标准。这一标准不仅需要包括知识与技能，还需涵盖过程与方法、情感态度与价值观等多维度要素。特别地，评价目标还应融入学科核心素养，如语文学科的语言建构与运用能力、数学学科的逻辑推理能力、英语学科的语言能力等，以培养学生成为全面发展的人。同时，由于网络教学中学生水平参差不齐，教学目标必须是有层次的、动态的，以适应不同学生的学习需求。

（2）评价设计需要分析评价内容。网络教学评价的内容十分广泛，包括学生、教师、教学内容和媒体等要素，甚至还包括网络学习支持服务等各方面的教育活动和要素。这些内容之间存在着紧密的联系。因此，在设计评价时，必须充分考虑这些要素之间的关系，确保评价的全面性和准确性。

（3）评价设计需要确定评价主体。评价主体的确定回答了“谁来评价”的问题。网络教学评价注重他人评价和自我评价相结合。他人评价的主体包括学校管理者、同行教师、学生、社会用人单位、家长等。因此，评价设计应当注意评价主体的多元性，以便从多个角度、多个方面对教学活动进行更全面、更客观、更科学的评价。

（4）评价设计需要选择合适的评价方法。网络教学评价可以采用多种方法进行综合评价，如测验、调查以及各种评价工具等。根据评价的目标和需求，应选择最合适的评价方法。例如，如果评价是为了了解学生认知目标的达标程度，那么测验是最常用的工具；如果需要了解学生的学习兴趣、态度、习惯和意向，以及教学过程和效果的意见，则可以通过调查获取相关信息。此外，还可以利用大数据技术、学习分析技术、可视化技术等工具对网络教学进行评价，以获取更深入的数据和见解。

3. 评价实施阶段

评价实施阶段是网络教学评价中的关键环节，它涉及教学评价的具体操作和数据收集、分析过程。评价实施的有效性直接影响着评价结果的客观性和可靠性，同时也决定了评价对于教学改进的指导性和实践意义。下面从评价标准的制定、评价数据的收集以及评价注意事项三个方面展开讨论。

（1）制定评价标准。评价标准的制定是评价实施的基础，它决定了评价的客观性和公正性。在网络教学中，评价标准应该基于课程目标、学习成果和学习活动，以确保评价的准确性和有效性。一方面，评价标准可以来源于网络平台提供的试题库或问卷库，也可以根据教师的实际需求进行设计和制定。例如，可以设计测验题、调查问卷或观察表格，以全面、多样地反映学生的学习情况。另一方面，评价标准的制定需要考虑到评价的多样性和全面性，既要能够量化学生的表现，又要能够考虑到学生的实际情况和个性化需求。因此，评价标准的制定需要教师具备丰富的教学经验和专业知识，以确保评价的科学性和可靠性。

（2）评价数据的收集。评价数据的收集是评价实施的核心环节，它直接决定了评价结果的准确性和可信度。在网络教学中，评价数据的收集主要包括两个方面：一是学生学习过程的数据，二是学生学习结果的数据。学生学习过程的数据可以通过网络教学平台收集，包括学生的课程学习、在线自测、在线作业等情况；学生学习结果的数据则可以通过测试、问卷调查等方式收集，以全面地了解学生的学习情况和学习效果。此外，评价数据的收集还需要注意数据的完整性和客观性，避免数据的片面性和主观性，以确保评价结果的科学性和可靠性。

（3）评价实施的注意事项。首先，评价实施应该贯穿于教学过程的始终，以确保评价的及时性和有效性。在网络教学中，评价不仅是对学生的学习结果进行评价，更是对教学过程进行评价，以及时调整教学策略和方法。其次，评价实施需要注重学生的自主性和参与性，鼓励学生积极参与评价过程，提高其自我评价和互评能力。此外，评价实施还需要采用多样化的评价方式，以全面地了解学生的学习情况和发展水平。

综上所述，评价实施是网络教学评价中的关键环节，它决定了评价的有效性和可靠性，对于促进学生的学习和发展具有重要意义。

4. 评价反馈阶段

评价反馈阶段在网络教学评价中扮演着至关重要的角色。评价结果的及时反馈不仅有助于教师了解教学的有效性和学生的学习情况，还能够激励学生积极参与学习，从而促进教学质量的提高。下面从评价结果的反馈内容、反馈的对象以及反馈的意义等方面展开论述。

（1）评价反馈的内容主要包括两个方面：一是发现的问题，二是改进的建议。评价结果的反馈不仅需要指出学生在学习过程中存在的问题，还要提出相应的改进建议，以帮助学生更好地提高学习效果。例如，如果评价发现学生在某一知识点上存在理解不深的情况，教师可以针对性地提供更多的解释和例题，或者组织相关的讨论和活动，以帮助学生加深理解。评价反馈还应包括学生的优点和进步，以鼓励学生继续努力，保持积极的学习态度。

（2）评价反馈的对象主要包括教师和学生本人。对于教师来说，评价反馈提供了宝贵的教学信息，帮助教师了解自己教学的效果和存在的问题，以便及时调整教学策略和方法。评价反馈也能够激励教师不断提高专业水平，改进教学实践，促进个人教学能力的提升。对于学生来说，评价反馈提供了及时的学习反馈，帮助他们了解自己的学习情况和存在的问题，以便及时调整学习策略和方法。评价反馈也能够激励学生保持积极的学习态度，提高学习动力，促进学习效果的提高。

（3）评价反馈的意义在于促进教学的持续改进和学生的全面发展。评价反馈不仅能够帮助教师及时调整教学策略和方法，提高教学效果，还能够激发学生的学习兴趣和动力，提高学习效果。评价反馈也有助于建立良好的师生关系，增强师生之间的互信和互动，促进教学质量的提高。因此，评价反馈在网络教学评价中具有重要意义，应该受到足够重视和关注。

（五）网络教学评价的方法

1. 基于大数据的网络教学评价

基于大数据的网络教学评价作为一种全新的评价模式，通过采集学生学习过程或学习结果的数据，为教育教学提供了全新的视角和手段。下面从大数据对网络教学评价的支持、基于大数据的网络教学评价过程两个方面进行探讨，以揭示其在教育领域的重要性和影响。

（1）大数据对网络教学评价的支持在于提供了多方参与评价的途径。传统的教学评价往往局限于学生学习成绩的测试，评价主体也主要涉及学校相关部门和教师，呈现出封闭性特征。然而，基于大数据的网络教学评价拓展了评价的维度和参与者。教师可以通过数据反馈了解学生表现，从而调整教学方法以满足学生个性化学习需求；家长可以通过数据了解孩子的学习情况，为其提供合适的学习建议；教育管理人员可以通过数据分析了解教学项目的效果，实现高效管理。因此，基于大数据的网络教学评价，为多方主体提供了评价的桥梁，使得评价更加多元化、持续有效。

（2）基于大数据的网络教学评价推动了数据驱动的教学决策。数据驱动决策是指利用数据进行决策，并将数据应用于教学改进的过程。基于大数据的网络教学评价，支持教师进行学习偏好设置、学习内容推送、学习方式优化等方面的教学决策。教师可以通过大数据分析了解何时、如何、以何种方式对学生进行教学安排，同时也可以借助大数据对学生学习效果进行深度评价，挖掘学生的学习需求和困难，并给予相应的支持和干预。这种数据驱动的教学决策使得教学更加全面、精准，提高了教学效果。

（3）基于大数据的网络教学评价促进了学生进步的发展性评价。发展性评价强调对学生教育活动的系统搜集和分析，并对学生的发展目标进行评价和指导。大数据技术为发展性评价提供了更全面的数据支持，包括结构化数据和非结构化数据，有助于更好地理解学生的学习情况和需求。通过大数据的分析，教师可以更好地了解学生的个性化、差异化需求，并为其提供相应的学习支持和指导，从而促进学生的全面发展。

2. 基于可视化技术的网络教学评价

当前，网络技术飞速发展，计算机在信息表达和信息交互方面取得了一些成绩，也为网络教学评价提供了新的视角。可视化技术为视觉教学理论注入了新的活力，是现代教育技术发展的必然趋势，在网络教学评价中的应用潜力巨大。可视化技术体现了人们在可视化方面的不同需求，这些技术是随着科学技术的进步和人类认知的需求逐步发展而来的，它们的共同特点是利用计算机图形图像技术来分析和显示数据。基于可视化技术的网络教学评价，使得网络教学过程和结果的数据都得以实时呈现，有利于学生自我反思、自我警醒能力的发展。

（1）可视化技术的特征。可视化技术在教育领域中扮演着越来越重要的角色，它不仅为学生的学习过程提供了可视化的支架与导航，还作为认知工具支持学生进行知识的建构和问题的解决。随着可视化技术的不断发展，它呈现出了显著的特征，具体如下：

第一，可视化技术具有直观化的特征。这意味着它能够直观形象地呈现数据，使用图像、曲线、二维图形、三维体和动画等形式展示数据，并且能够清晰地显示数据之间的相互关系。通过直观的可视化呈现，学生可以更容易地理解和分析数据，从而加深对知识的理解。

第二，可视化技术具有多维性。这意味着通过可视化技术，用户可以清晰地看到数据的多个属性或变量，并能够实现数据的显示、分类、排序和组合。这种多维性的特征使得学生可以更全面地掌握数据的信息，有助于他们进行深入的分析和研究。

第三，可视化技术具有关联化的特征。这意味着它能够帮助用户挖掘并突出呈现数据之间的关联，直接快捷地厘清各属性、事件之间的关系。通过可视化技术展示数据之间的关联，学生可以更好地理解数据之间的联系，有助于他们进行综合性的思考和分析。

第四，可视化技术具有交互性。这意味着它能够实现用户与数据的交互，增强用户对数据的控制、管理与开发。通过交互式的可视化界面，学生可以根据自己的需求对数据进行操作和调整，从而更灵活地进行学习和研究。

第五，可视化技术具有艺术化的特征。这意味着它能够通过不同的表现形式，增强数据呈现的艺术效果，符合审美规则。艺术化的可视化呈现不仅可以吸引学生的注意力，还可以增强学生对数据的感知和理解。

（2）基于可视化技术的网络教学评价特征。基于可视化技术的网络教学评价是一种以图形、图像等直观形式表示学生学习过程和结果数据的评价方式。它通过可视化技术将网络教学过程的相关数据，以即时反馈、全局展示、动态累积、趣味显示的方式，应用于网络教学各环节和活动中，为教师和学生提供了新的评价思路和工具。这种评价方式具有几个显著特征，如提供网络教学过程立体化呈现效果、实现动态评价和实时反馈的跟踪指导等。

第一，基于可视化技术的网络教学评价提供了网络教学过程立体化呈现效果。可视化技术在网络教学评价中的应用，体现了“一图胜千言”的表达优势。通过可视化技术，教师和学生可以以图形、图像的形式直观地了解学生的学习情况和教学活动的展开情况。例如，教师可以通过可视化界面了解学生在某一知识点的掌握情况，学生在学习过程中的动态表现等。这种立体化的呈现效果不仅使得评价更加直观生动，也增强了学生对教学过程以及内容的理解与认知，从而促进学生学习过程中的认知建构与知识生成。

第二，基于可视化技术的网络教学评价实现了动态评价和实时反馈的跟踪指导。传统的网络教学评价主要集中在对学生学习内容、学习结果、教师教学过程等静态数据的评价，忽略了评价数据本身的动态变化性，以及评价数据与教学改进之间的相辅相成关系。而基于可视化技术的网络教学评价弥补了这一不足。通过可视化技术，教师可以实时了解学生的学习状态和表现，对学生的学习过程进行动态跟踪和评价。同时，教师也能够针对学生的学习情况进行实时反馈和个性化指导，帮助学生解决学习中遇到的问题，提高学习效果。通过跟踪、分析、挖掘可视化数据之间的关系，教师可以了解每个学生的具体表现情况，分析其内在规律，进而有针对性地对学生进行指导和管理，弥补了传统教学评价的不足之处。

第三章　混合式教学模式及其设计创新

随着信息技术的迅猛发展和教育理念的革新，传统教学模式正面临前所未有的挑战与机遇。混合式教学模式作为传统教学与在线学习的有机结合，已成为教育领域改革的重要方向。本章重点围绕基于网络学习空间的混合式教学模式、混合式深度教学及其设计策略、混合式学习及模式与空间设计、线上线下混合式教学模式改革与设计、混合式教学的督导模式创新进行探索。

第一节　基于网络学习空间的混合式教学模式

一、基于网络学习空间的混合教学模式特征

（一）学习内容的特征

“进行学习内容的特征分析是教学设计的一个重要内容，根据课程的教学目标，确定学习内容的难度层次、知识点之间的联系以及明确学习者能够达到的能力水平”[①]。学习内容分析的目的是明确各部分的联系，下面围绕学习内容的特征展开探讨，从学习内容的结构、难度、联系、任务设计等方面进行分析，以期深入理解其在教学设计中的重要性和作用。

第一，学习内容的特征包括其结构与组织。学习内容应当具有合理的结构，以便学习者能够系统地理解和掌握所学知识。结构化的学习内容能够帮助学习者建立起清晰的知识体系，使其能够更好地理解知识之间的内在联系。例如，在教授数学课程时，可以将知识按照数学分支分类，如代数、几何、微积分等，进一步细分为基础概念、定理证明、应用实例等，以帮助学生系统地学习数学知识。

第二，学习内容的特征还涉及难度层次的确定。学习内容的难度应当与学习者的能力水平相适应，既不至于过于简单而导致学习者失去兴趣，也不至于

① 郭娟. 高校混合式教学改革与创新 [M]. 北京：中国商务出版社，2023：83.

过于复杂而使学习者感到挫败。因此，教师需要根据学习者的学习水平和学科特点，合理设定学习内容的难度。例如，在语言学习中，可以根据学生的语言能力和学习目标，逐步引导学生学习不同难度的语言知识和技能，从简单的词汇和语法开始，逐渐过渡到复杂的阅读和写作任务。

第三，学习内容的特征还包括知识点之间的联系。学习内容应当呈现出清晰的知识结构，使学习者能够理解各个知识点之间的内在联系和逻辑关系。通过建立知识之间的联系，可以帮助学习者更好地理解和运用所学知识。例如，在教授历史课程时，可以通过时间顺序、因果关系、地域联系等方式来组织知识，使学生能够清晰地理解历史事件之间的关联。

第四，学习内容的特征还需要考虑任务设计。学习任务应当具有一定的挑战性和实践性，以促进学习者的思维能力和动手能力发展。任务设计应当与学习内容相匹配，既能够巩固和拓展所学知识，又能够培养学习者解决问题的能力。例如，在教学设计中可以通过案例分析、实验设计、问题解决等任务，来促进学生对所学知识的理解和应用。

（二）学习主体的特征

学习主体的特征是教学设计中至关重要的考量之一，因为这直接关系到教学的有效性和学生的学习成果。在进行教学设计之前，对学生主体的认知水平、起点能力、学习动机和学习风格等方面进行充分分析，能够更好地指导教学活动的设计和资源的选择，以促进学生主体的有效学习。

第一，认知水平。学生主体的认知水平是学生在特定认知阶段面对事物或问题时所体现出的价值观、思维方式等。这是一个基本的特征，直接反映了学生对知识的理解和运用能力。通过对学生认知水平的分析，教师可以更好地把握学生的认知需求，有针对性地设计教学活动。例如，对于高水平认知的学生主体，可以采用开放性、探究性的教学方法，鼓励他们独立思考和解决问题；对于低水平认知的学生主体，则需要更多的引导和讲解，帮助他们建立正确的认知框架。

第二，起点能力。起点能力包括学生原有的知识、技能以及对所学内容的态度。通过分析学生的起点能力，教师可以更好地选择教学方法和教学内容，确保教学过程既符合学生的学习水平，又能够激发其学习兴趣。例如，对于已经掌握一定基础知识的学生主体，可以通过深化拓展的方式来设计教学内容，提高学习的深度和广度；对于起点能力较低的学生主体，则需要从基础开始，循序渐进地进行教学，以确保所有学生都能跟上教学进度。

第三，学习动机。学习动机是学生参与学习活动的动力，也是学习的内在需求。对学生主体的学习动机进行分析，有助于教师更好地激发学生的学习兴趣，提高他们的学习积极性和主动性。例如，了解到某个学生主体对某一领域有浓厚的兴趣，教师可以通过设置相关的学习任务和项目，激发他们的学习热情；对于缺乏学习动力的学生主体，则需要通过提供具体的目标、奖励机制或者与现实生活紧密结合的教学内容，来增强他们的学习动力。

第四，学习风格。学生主体的学习风格是指在长期学习过程中形成的一种有自身特色、有规律的学习和认知方式。对学生主体的学习风格进行分析，可以帮助教师更好地理解学生是如何感知信息、如何与学习环境相互作用的。这有助于教师针对不同学生主体的学习风格设计差异化的教学策略，以实现因材施教。例如，对于视觉型学习者，可以通过图表、图片等视觉化的方式来呈现教学内容；对于听觉型学习者，则可以通过讲解和听力练习来加强教学效果。

（三）学习目标的特征

学习目标的特征在教学活动中扮演着至关重要的角色。学习目标的设定需具体、明确，以便于教师和学生在教学过程中有明确的方向和标准。从设定的目标的具体性和可测量性来看，学习目标应该能够分解成可操作的、可量化的单元，从而使得评估学生是否达到了目标成为可能。通过对学习目标的分析，教师能够更好地组织教学内容，确保教学活动符合预期的方向和标准。然而，学习目标的制定需要充分考虑到学生的学习能力和背景，以避免目标过于庞大或过于简单，从而导致学生对学习活动失去兴趣或无法达成预期目标的情况发生。

第一，学习目标的明确性。一个明确的学习目标应该清晰地表达出所期望学生能够掌握的知识、技能，以便于教师和学生能够有明确的方向。明确的学习目标使得教学活动的设计更加有针对性，帮助教师更好地选择合适的教学方法和评价方式。例如，一个明确的学习目标可以是“学生能够解释牛顿第二定律并通过实验验证其有效性”。这样的目标清晰地指出了学生应该掌握的内容和要求，有助于教师设计相关的实验和教学活动，以及评价学生的学习成果。

第二，学习目标的具体性。具体的学习目标能够将学习内容分解成一系列可操作的、可量化的单元，从而使得学习过程更加可控。通过具体的学习目标，教师能够更好地组织教学内容，确保教学活动的设计能够覆盖到所有必要的知识点和技能。例如，对于一节关于地球自转的课程，具体的学习目标可以是“学生能够解释地球自转的原理，能够用地球自转解释昼夜交替的现象，并能够描述地球自转对天体观测的影响”。这样的目标将学习内容分解成了几个明确的方面，有助于教师设计相应的教学活动和评价方式，以及帮助学生更好地理解相关概念。

第三，学习目标的可测量性。可测量的学习目标使得教师能够通过观察、测验或其他评价方式，来判断学生是否达到了预期的学习水平。通过定量的评价指标，教师可以客观地评价学生的学习成果，并及时调整教学策略。例如，一个可测量的学习目标可以是“学生能够正确计算简单的动量和冲量问题，并能够通过实验验证计算结果”。这样的目标可以通过给学生提供相关的问题或实验来进行测验，以检验学生是否掌握了相关的知识和技能。

此外，学习目标的设定需要充分考虑到学生的学习能力和背景。教学目标不宜过大，以免超出学生的理解范围和能力，导致学生对学习失去兴趣或无法完成学习任务。目标也不宜过于简单，以免无法激发学生的学习动机和提升学生的学习能力。因此，在设定教学目标时，需要充分了解学生的学习水平和学习需求，合理地设置学习目标，以促进学生的学习动力和提升学生的学习能力。

二、基于网络学习空间的混合教学模式设计

（一）教学资源的设计

“网络学习空间利用其数据化、智能化功能为混合教学创设了体现个人自愿投入认知和情感的富媒体学习场域”[①]，从而促使学生在其中获得更丰富的学习体验。学习者对于学习资源的偏好以及在网络学习空间中的学习时长等因素，都对教学资源的设计提出了具体要求。

第一，就学习者的学习时长而言，大多数高校生每次在网络学习空间的学习时长不超过 2 小时。这一现象很可能受到多方面因素的影响，包括学生的专注度、学习动力以及学习资源的设计等。学习者在网络学习空间中的学习时长受到限制，说明学生的学习效率和认知负荷是需要考虑的关键因素之一。因此，在设计教学资源时，需要将学生的学习时长控制在 1 小时左右，以保证学生在有限的时间内能够达到较好的学习效果。而这也为教师提供了一种在教学资源设计中重点关注学习任务的有效途径。

第二，学习者对于学习资源类型的偏好直接影响教学资源的设计。根据所给材料，大部分学习者更倾向于选择视频类型的学习资源。这可能与视频在传

① 梁中锋，翟炎杰，李小娟．基于网络学习空间的混合教学设计与实践［J］．中国成人教育，2018（5）：101.

递信息上更直观、更生动的特点有关。因此，在进行线上学习资源设计时，应以微视频、课件为主，以满足学习者的偏好和需求。微视频可以在短时间内提供丰富的信息，符合学生在有限时长内高效获取知识的需求。课件作为学习的辅助工具，可以提供更加系统和深入的学习内容，以满足学生对于知识的深层次需求。

第三，丰富的学习资源种类也是教学资源设计的重要考量因素。在网络学习空间中，学习资源的多样性可以提供更多元化的学习体验，满足不同学生的学习需求。除了微视频和课件之外，还应该提供文档、音频、图片、网页链接等形式的学习资源。这些资源的丰富性可以帮助学生更全面地理解和掌握知识，从而提高学习效果。学习者可以根据自身的学习风格和需求，选择不同类型的学习资源进行学习，增强学习的个性化和自主性。

（二）教学活动的设计

在有效的教学活动设计中，教师旨在实现教学目标，提高教学质量，同时培养学生的自主学习能力、问题解决能力和协作交流能力。学习者在参与这些活动时，应该成为知识的主动建构者，根据他们的认知发展水平和学习任务的复杂程度，教学活动可以划分为指导型、引导型和发现型。

根据建构主义学习理论，学习者在学习过程中应当成为意义的主动建构者。教学活动的设计应该考虑到学生的自主学习需求，反映出由简单到复杂的认知规律和知识的前后联系。因此，在教学活动中的学习任务设计上，主要可以分为指导型、引导型和发现型三种类型。

第一，指导型和引导型的学习任务需要学习者完成，并且教师在其中起到指导和控制作用。指导型任务着重于教师向学生提供清晰的指导和示范，以帮助他们掌握基本的知识和技能。这种任务设计适用于学习任务相对简单的情况，以确保学生能够准确理解和掌握基本概念。而引导型任务则更加强调学生的自主探索和思考，教师通过提供问题、提示和指导，引导学生自主进行学习活动。这种任务设计适用于学习任务相对复杂，但学生又需要一定程度的指导和支持的情况。

第二，发现型的学习任务则更加强调学生的主动参与和发现。在这种任务设计中，学生根据自身情况进行学习，并且对于解决问题的方法和策略具有更大的自由度。教师在这种情况下更多地扮演着观察者和引导者的角色，鼓励学生自主探索和发现知识。这种任务设计适用于学习任务相对开放，学生需要通过探索和发现来解决问题的情况。

通过合理设计的学习任务和活动，可以有效激发学习者的学习兴趣，提升他们的问题解决能力、自主学习能力和协作交流能力。特别是在网络学习空间中，教师可以利用多种教学资源和工具来支持不同类型的学习任务，进一步促进学生的学习效果。

（三）教学评价的设计

教学评价的设计在教育领域占据着至关重要的位置。它不仅仅是一种过程，更是对学习者学习活动和成果的全面判断，以指导教学改进和提高学习效果。教学评价方法的设计需要考虑以下因素，尤其在网络学习空间的应用中，设计合理有效的评价方法更显重要。

第一，评价主体。评价的主体不仅包括教师，还包括学习者。教学评价的设计要考虑到这一点，从教师评价、学习者自评、小组互评、组内成员互评等多个角度进行评价。这种多元化的评价体系可以更全面地了解学习者的学习情况和水平，从而指导后续的教学活动。

第二，评价阶段。在教学过程中，诊断性评价和形成性评价是非常重要的。在课程导学与课前阶段，诊断性评价可以帮助教师了解学习者的学习准备情况，进而调整教学策略，确保教学活动的顺利进行。形成性评价则贯穿于线下课堂教学和线上学习过程中，通过作业汇报、在线测试、讨论区等方式进行。形成性评价不仅有助于教师改进教学，还能激发学习者的学习兴趣和主动性，提高学习效果。

第三，评价目标。在课堂教学中，教师可以通过作业汇报等方式进行评价，同时也可以引导学习者进行互评和小组互评，从而促进学习者之间的交流和学习。在线学习过程中，可以根据任务完成情况、在线测试结果、学习者的互评等情况进行评价，借此指导学习者的学习方向，确保学习目标的达成。

第四，总结性评价。在章节末尾或期末时，进行总结性评价可以对学习者的学习情况进行综合评估。根据学习者的作业完成情况、章节测试结果以及学习者之间的互评结果，教师可以做出全面的评价，帮助学习者了解自己的学习情况，并为下一阶段的学习做好准备。

第二节　混合式深度教学及其设计策略

一、混合式深度教学的核心思想

混合式深度教学是指面向学生深度学习的混合式教学，即教师通过组织、引领学生参与线上线下相融合的学习活动，使学生获得一种整体学习体验；使学生在理解的基础上能将已有的知识迁移到新的情境中，做出决策和解决问题；使学生形成积极的内在学习动机、高级的社会性情感、积极的态度、正确的价值观。混合式深度教学包含的核心思想主要体现在以下方面：

第一，强调学生线上学习活动和线下学习活动的一体化设计。线上学习具有扩展学习资源、突破学习时空限制、自定学习步调等优势；线下面对面学习能加强师生、生生间的情感交流，更有利于实践性知识和技能的掌握。为了充分发挥线上和线下两种学习方式的优势，教师需要对两种学习活动进行一体化设计，让学生通过深入参与这些活动，将所学各个模块的知识形成整体概念，获得整体的学习体验。

第二，强调促进学生深层次概念理解。这里所谈的理解主要是采用学习科学领域中的理解概念。学习科学把理解定位为深度学习最核心的特征，强调学生需要进行理解性学习而非只对事实性知识和程序性知识的记忆。理解性学习中的理解，强调的是一种深层次的思考，即解释、思辨、推理、验证、应用等有难度、复杂和具有综合性的学习结果，同时也是学生灵活地运用所知进行思考和行动的能力。深层次概念理解主要由专长习得、问题解决和高级思维构成。深层次概念理解意味着学习者拥有的知识是围绕着该学科的核心概念、从多个角度对其加以表征的，并能在真实、复杂的情境中应用的知识。只有学生知道在怎样的情境中应用这些知识，知道在面对新的、真实世界的情境时如何调适、修正这些知识，在他们能够解释信息、创建模型、解决问题、建立与其他概念和学科及真实世界情境的关联，从而形成理解世界的新方式时，我们才认为发生了真实的、有深度的学习。

第三，关注学生学习过程中价值观的培养、核心素养的形成。核心素养是新时代教育的育人目标，是关乎学生知识、技能、情感、态度、价值观等多方面要求的结合体。学生价值观的培养、核心素养的形成是一个长期的过程，是与教学活动紧密相关的过程。因此，混合式深度教学过程要以学生学习过程中价值观的培养、核心素养的形成为根本追求。

二、混合式深度教学的具体要求

第一，精选学习主题和内容。在精选学习主题和内容方面，混合式深度教学需要遵循深度学习的理念，即以主题为中心的单元学习。单元学习主题应当围绕学科核心内容组织，能够激发学生的学习兴趣，促进学科思想与方法的深化。学习主题的选择需考虑到混合式深度教学的特点，即线上和线下学习相结合，因此需要挑选适合此种模式的学习主题和内容。在这一过程中，需注意不仅要涵盖学科核心内容，还要兼顾学生的自主性、实践性学习，使学习更加贴近生活、贴近实践，从而更好地激发学生的学习兴趣和积极性。

第二，给学生可自主支配的学习时空。学生需要有足够的时间和空间来进行自主、探究、合作的学习活动，而不是被大量的作业和练习填满时间。因此，学校和教师需要转变教学观念，统筹各科学习容量和学习时间，合理安排学生的自主学习时间，尤其是在线自主学习时间。教师在此过程中扮演着重要角色，他们需要引导学生制订自主学习计划，掌握自主学习的方法，并通过选择性活动来调动学生的学习主动性，培养学生的学习自觉性和能力，最终使学生学会选择、形成个性，从而享受到学习的乐趣。

第三，不增加学生的总认知负荷。深度学习往往意味着高难度的学习，而学习材料本身的难度会增加学习的内在认知负荷。如果混合式深度教学设计不当，学习资源存在大量冗余信息，会使学生的外在认知负荷加重，导致学习效果不佳。因此，需要合理设计学习资源的组织方式和呈现方式，综合利用线上线下的教学优势，通过多模态呈现学习材料，进行个性化、差异化的学习资源和学习任务推送，将整体的认知负荷分布于课前、课中及课后各环节的任务中去。这样可以有效减轻学生外在认知负荷，从而降低学生的总认知负荷，提高学习效果。

第四，有成熟的平台支持。一个功能齐全、设计合理、操作简便的在线学习平台是开展混合式深度教学的环境保障。多年的教育信息化实践表明，平台的好坏直接影响到教学效果。一个成熟的平台不仅能提供丰富多样的学习资源，还能支持教师对学生学习过程的管理和指导，从而更好地促进混合式深度教学的开展。

三、混合式深度教学的开展意义

培育学生核心素养是当前我国基础教育课程改革的目标，其主要载体是课程、教材和教学。开展深度学习的目的是要培养学生的学科核心素养。可见，深度学习是基础教育改革深化必然选择的学生学习途径，而作为当前“互联网+”时代新形态下的混合式教学，显然也必须要面向学生的深度学习。本书把面向学生深度学习的混合式教学简称为混合式深度教学。具体来说，开展混合式深度教学的意义有以下方面：

第一，有助于探索“互联网+”时代基础教育变革的路径。在“互联网+”时代，教与学的环境已经发生了巨变。丰富的网络教学资源、智能化的学习平台以及智能化教室的普及，都促使学校教育必须改变传统的纯线下教学方式，以更好地满足学生的学习需求和促进教师、学校的发展。当前，我国“三通两平台”的建设初见成效，这为基础教育开展面向深度学习的混合式教学创造了良好外部条件。通过对近年来翻转课堂教学等混合式教学实践的反思，人们意识到混合式教学需要指向学生的深度学习，以更好地实现新世纪未来人才培养的目标。

第二，有助于学科核心素养的落地。学科核心素养的培育需要深度学习的支持。深度学习强调为理解而教、为思想而教、为意义而教、为发展而教，将教学过程由以知识为中心转向以学生发展为中心。这种转变有助于凝聚学生核心素养的培育，使学科核心素养精准落地。深度学习的实施，是时代发展的必然需求，是教育的主动应对，也是我国全面深化课程改革、落实核心素养的重要途径。因此，开展混合式教学的最终目的在于提升学生自主学习和协作的质量、广度和深度，从而促进学生的深度学习，达成发展学生核心素养的育人目标。在基础教育开展面向学生深度学习的混合式教学，有助于明确信息技术与学科教学融合的目的，促进学科核心素养的精准落地。

四、混合式深度教学的常见模式

教学模式是在一定教学思想或教学理论指导下建立起来的较为稳定的教学活动结构框架和活动程序。混合式深度教学模式，就是在混合式教学、深度学习理论基础上建立起来的教学模式。由于学科、学段、学习环境、学情等差异，混合深度教学模式是多种多样的，并没有一种通用的教学模式。但是，在混合式深度教学实践中，确实又产生了一些行之有效、可操作性强且适用范围较广的教学模式。下面探讨常见的混合式深度教学模式：

（一）混合式主题探究模式

混合式主题探究模式是一种以网络学习空间为支撑，在虚实结合的学习活动中培养学生问题解决能力的模式。这种模式允许学生根据个人兴趣和能力自主选择探究主题，并以自定步调和自选路径开展探究活动。在此模式下，主要包括选题、探究活动实施、探究活动记录、形成探究报告、发表交流探究结果，以及活动评价和反思等环节。

第一，在选题环节，学生将围绕自身感兴趣的学习主题自行选择研究方向。这种个性化的选题过程激发了学生的主动性和探究欲望，从而使他们更积极地投入到学习中去。而后，学生在探究活动实施阶段，通过网络专题资源和实地调查等方式展开深度探究。这一阶段的重点在于培养学生的信息获取和分析能力，以及实践操作的技能。在学习过程中，学生既可以独立探索，也可以与同伴共同合作，通过网络学习空间的群组进行交流讨论，从而获得更广泛的视野和更深入的理解。

第二，探究活动记录和形成探究报告是混合式主题探究模式的重要环节。学生通过记录观察到的现象、收集的数据或撰写网络活动日志等方式，整理分析探究过程中的资料。这一过程不仅有助于学生加深对所学知识的理解，还培养了学生的文字表达和数据分析能力。而后，学生将资料整理成调查报告、实验报告等形式，进一步加深对所研究主题的理解，提升学习成果的可视化和可理解性。

第三，学生将探究成果发表在学习空间进行交流分享，或者在线下与他人进行交流。这一环节促进了学生之间的知识分享和互动交流，激发了学生学习的热情和动力。学生的交流活动也可以为其他同学提供启示和借鉴，促进整个学习群体的共同进步。

第四，在活动评价和反思阶段，教师或组织者将组织学生对活动进行评价和反思。通过评价和反思，学生能够深入思考自己在探究过程中的表现和不足，从而及时调整学习策略和提升学习效果。教师或组织者的评价也有助于改进活动设计和指导方式，进一步推动学生的学习发展。

在混合式主题探究模式下，学生在自主性和合作性方面实现了学习价值的最大化。他们通过自主选择主题和路径，自主获取信息和分析资料，自主表达和交流成果，最终实现了自主解决问题的能力培养。学生在与同伴和教师的合作中，也锻炼了团队合作和沟通能力，形成了良好的学习氛围和学习共同体。因此，混合式主题探究模式为学生提供了一个全面发展的学习平台，有助于他们在未来的学习和生活中更好地适应和应对各种挑战。

（二）混合式创作活动模式

混合式创作活动模式是一种在网络学习空间支持下，通过学生创作个性化作品的活动来培养学生创造性思维和能力的学习模式。与传统的主题探究学习模式不同，混合式创作活动模式的核心在于强调学生创作作品本身，而非仅仅是发现规律或探索主题。下面对混合式创作活动模式的含义、操作模型及其在教学实践中的应用进行探讨。

混合式创作活动模式在于通过结合线上和线下资源，引导学生进行个性化创作，以培养其创造性思维和表达能力。混合式创作活动模式的操作模型主要包括以下环节：

第一，选题。学生根据问题情境和创作要求自主确定创作题目。这一环节的自主性有助于激发学生的兴趣和创造力，提高他们对作品的投入度。

第二，创作构思。学生在创作构思过程中可以利用各种资源进行素材积累和启发。这些资源包括网络学习空间分享的专题资源，也可以通过与同伴、教师的线上线下交流获得帮助。这样的交流与资源共享有助于拓宽学生的视野，激发他们的创作灵感。

第三，创作主题作品。学生独立进行作品创作。在这一环节，学生有机会将自己的想法转化为文字或其他形式的作品，培养其表达能力和创作技巧。

第四，发表作品。学生在网络学习空间上发表自己的作品，同伴和教师可以对作品进行点评和提出修改意见。这种开放式的发表与交流有助于学生接受多样化的反馈，从而改进和完善自己的作品。

第五，修改完善主题作品。学生根据同伴和教师的建议对作品进行修改，使其更加完善，这一过程培养了学生的批判性思维和自我修正能力。

第六，作品分享。修改后的作品再次分享到网络学习空间或线下课堂上，同伴和教师进行再次点评。这种分享与交流有助于学生学习他人优点，拓展自己的创作技巧。

第七，活动评价和反思。教师组织学生对活动进行评价和反思，从而促进学生对自己创作过程的深入思考和总结。这种评价和反思有助于学生不断提升自己的创作水平。

（三）翻转课堂模式

翻转课堂模式作为一种以学生学习差异为基础、以促进学生深度理解为目标的教学模式，通过网络学习空间的支持，在课外利用教学微视频等学习资源进行自主学习，课内则通过面对面交流及协作完成知识内化和迁移应用。这种模式的实施，旨在创造更加个性化、自主化的学习环境，以满足学生的不同需求和学习风格。

首先，教师在翻转课堂的课前学习环节中，对学生学习数据进行综合分析，包括作业、学习交互、学习反思等，以了解学生的学习状态和水平。通过这些数据，教师可以对学生进行群体和个体的学前学习基础诊断，从而更好地把握学生的学习需求。然后，教师根据学习目标、内容和诊断结果，在网络学习空间中推送多样化的学习资源，并给出相应的学习引导，如学习任务单，以引导学生进行自主、个性化的学习。学生可以根据自己的学习需求和兴趣，选择不同的学习路径，并利用网络学习空间中的资源、思维工具和交流工具进行学习。

在课中学习环节，教师通过组织分层学习、一对一数字化学习等活动，尽可能满足不同层次、不同个性学生的学习需求。通过协作学习，教师将学生的学习差异转化为学习互助的资源，使学生在独立探究、协作交流和深入研究的学习过程中，实现概念转变和完成知识内化、迁移应用。在这个环节，教师可以根据信息技术学习环境和学习内容的不同，组织形式多样的学习活动，以更好地满足学生的学习需求。

在课中、课后学习环节中，教师根据课堂上学生的知识建构情况，布置弹性、少量个性化的作业，让学生巩固本节课的学习效果或进行适当学习拓展。学生在完成作业的同时，进行自我评价和反思，以更好地理解和应用所学知识。如果课堂时间和环境允许，这些作业和反思也可以在课中环节完成，以进一步加强课堂学习的效果。

翻转课堂模式通过充分利用网络学习空间和多样化的学习资源，以及教师的精心设计和指导，为学生提供了更加个性化、自主化的学习环境。在这样的环境中，学生可以根据自己的学习需求和兴趣，自主选择学习路径，并通过探究、交流和合作，实现对知识的深度理解和应用。然而，翻转课堂模式也面临着一些挑战，如教师对学生学习数据的分析和引导的能力、学生自主学习的能力以及课堂管理的复杂性等。因此，未来的研究，需要进一步深入探讨如何更好地实施和优化翻转课堂模式，以更好地促进学生的学习效果和能力发展。

五、混合式深度教学的设计策略

（一）混合式深度教学设计——问题驱动策略

1. 设计驱动性问题

混合式深度教学的目标之一是让学生经历问题解决的学习，也就是说，这样的教学是围绕问题展开的，问题驱动是其关键的教学策略。

学科和跨学科的核心概念中蕴含着本质问题。学科的本质问题反映了一个学科的关键探寻，指向学科中的大概念。一般而言，一个好的驱动性问题具有以下特征：

（1）与学生生活、社会问题、科技发展等现实性、真实性问题相联系。例如，“建立数学模型解决问题”是数学的一个本质问题，“建立一元一次方程模型解决简单的面积问题”是其中的一个主题学习内容。针对这一主题学习内容，可以采用多个驱动性问题：以销售中的盈亏问题、油菜种植计算、电话计费问题等来展开探究，由于这些驱动性问题都是日常生活、生产实践中常见的问题，故学生觉得问题真实可信，解决这些问题非常有现实意义，容易产生深入学习的愿望。

（2）与课程标准、目标任务相联系。驱动性问题应当与课程标准和目标任务相契合，有助于实现教学目标。通过设置与课程内容相关的驱动性问题，可以引导学生对所学知识进行更深入的理解和探究。例如，在信息技术课程中，针对“人工智能的应用”模块，设计能引导学生思考多维度、深入问题的驱动性问题，有利于学生对人工智能应用的深度理解。

（3）能引发学生持续探究的热情。一个好的驱动性问题应当能够引发学生的探究热情，激发他们的思考和学习动力。简单的记忆性问题难以激发学生的探究兴趣，而开放性、具有一定挑战性的问题则能够激发学生的思考欲望。

2. 设计基于问题的学习任务单

在混合式深度教学中，学生面临通过一系列精心设计的线上和线下学习任务来解决情境中的问题，从而实现学习目标的挑战。在这个背景下，设计基于问题的学习任务单成为引导学生有效学习的重要工具。学习任务单作为一种媒介，通过提供学习指南、学习任务、问题反馈、学习反思等要素，为学生提供了清晰的学习路径，促进了线上自主学习与线下面对面学习的有机衔接。

（1）学习任务单的设计需要以问题为核心。问题是学生学习的起点，也是学生思考、探索和解决的动力。因此，学习任务单应当明确界定学习的问题，为学生提供明确的学习目标和任务。例如，在一门地理学课程中，“气候变化如何影响极地生态系统？”这个问题将引导学生去了解气候变化、极地生态系统以及二者之间的关系，从而完成一系列相关的学习任务。

（2）学习任务单应当提供详尽的学习指南。学习指南应当包括学习资源的介绍、学习活动的安排以及学习过程的指导，以帮助学生理解问题、展开学习并最终解决问题。例如，学习指南可以提供一份详细的阅读清单，包括相关书籍、论文和网络资源，指导学生深入了解气候变化和极地生态系统。学习指南还包括一系列的学习活动，如小组讨论、实地考察、网络研究等，以丰富学生的学习体验。

（3）学习任务单应当包含有效的问题反馈机制。问题反馈不仅能够帮助学生及时了解自己的学习进展，还可以为教师提供必要的反馈信息，指导教学实践的调整和优化。例如，学习任务单可以设立一些小测验或练习，帮助学生检验自己对问题的理解和掌握程度。学习任务单还可以包括一些开放性的问题，鼓励学生展开深入思考和探索，以培养其批判性思维和问题解决能力。

（4）学习任务单应当促进学生的学习反思和自我评价。学习反思是学生提升自我认知和学习能力的重要途径，通过反思，学生可以总结经验、发现问题、改进方法，从而提高学习效果。因此，学习任务单应当提供一些引导性问题，引导学生对自己的学习过程进行深入反思，并制订下一步学习计划。学习任务单还可以为学生提供一些自我评价的标准和指导，帮助他们客观评价自己的学习成果。

3. 借助信息技术呈现情境与探究问题

这是教育领域的一项重要实践。网络技术、多媒体技术、人机交互技术以及虚拟仿真技术等信息媒介技术的不断发展，为学习者提供了丰富的学习资源和替代经验，从而有助于突破时空限制，解决教学中具体经验和抽象经验的矛盾，弥补各种直接经验的不足。在教学中，借助这些技术来呈现问题情境和进行问题探究，已成为教学实践的重要环节。

（1）对于问题情境的呈现，适当采用图片、视频等多媒体形式能够使情境更加形象生动、更具真实感，从而更好地激发学生的学习动机。在教学中，我们可以根据问题的特点，选择合适的多媒体资源进行呈现，使学生能够在感官上更好地理解和接受所学知识。例如，对于讲解地球公转的问题，我们可以通过视频动画的方式展示地球绕太阳公转的过程，使学生能够直观地了解地球运动的规律。

（2）对于问题的探究，合理利用多媒体资源、网络资源以及虚拟现实和增强现实资源，能够帮助学生更深入地理解概念、原理，促进学生在理解的基础上进行深层次学习。例如，利用虚拟仿真技术开发的“富兰克林实验室”，可以让学生在虚拟的电学实验室中进行实验操作，深入了解电学的工作原理，设计排错检修课程，而无需担心元器件损耗和实验的安全性。这样的虚拟实验环境为学生提供了一个安全、实用的学习平台，促进了他们对知识的深入理解和运用。

（二）混合式深度教学设计——思维外显策略

1. 明确思维外显的目的与方法

混合式深度学习是一个包括问题解决、思维品质培养以及高阶思维能力发展在内的综合过程。仅关注问题解决的结果而忽略学生思考过程的做法，可能导致学生在面对新问题时无法进行知识迁移和创新应用。然而，思维是隐性的，需要特定的方法才能发现。因此，让学生表达他们的思维过程至关重要。这种做法可以及时发现并纠正学生思维过程中存在的问题，同时也可以分享一些条理清晰、推理有据的思维过程。将教与学的思维过程外显化，使其可观察、可操作、可评价，有助于分析和诊断学生思维活动过程与结果，帮助学生了解自己的学习情况、纠正错误、建构概念和知识体系，从而提升其思维品质。

语言被认为是思维的外壳，思维的外显方式主要包括说、写、画。从师生活动设计的角度，有三种方法可以实现思维的外显化：通过学生的自我分析、通过学生的质疑辩论以及通过教师的连续追问。这三种方法均可以通过说、写、画的方式来表达。在这些方法中，通过使用思维工具进行绘图的方式尤为重要，因为它可以通过图形、连接符和文字的灵活组合来可视化思维，直观地反映思维的方法和途径。首先，通过学生的自我分析来实现思维的外显化，可以使学生对自己的思维过程有更深入的理解。学生可以通过口头或书面方式描述他们的思考过程、解决问题的方法以及遇到的困难。这种方法有助于学生自我监控和自我调节，促进其元认知能力的发展。例如，在解决一个数学问题时，学生可以详细描述他们选择的解题方法、推理过程以及选择这种方法的原因。通过这种分析，学生可以更好地理解自己的思维方式，发现问题并改进解决方法。其次，通过学生的质疑辩论来实现思维的外显化，可以促进学生之间的交流和合作，从而丰富他们的思维过程。学生可以在小组中讨论问题，并提出不同的观点和解决方案。这种过程不仅可以激发学生的思维活力，还可以培养他们的批判性思维和表达能力。例如，在一节历史课上，学生可以针对一个历史事件展开讨论，提出不同的解释和理解，从而深化对历史事件的理解和思考。最后，通过教师的连续追问来实现思维的外显化，可以引导学生深入思考，并帮助他们发现问题的本质。教师可以通过提出连续的问题，引导学生思考问题的不同方面，并逐步引导他们解决问题。这种方法有助于激发学生的探究欲望，促进他们的深度思考和问题解决能力。例如，在一个物理实验中，教师可以连续追问学生有关实验结果的原因、影响因素以及可能的改进方法，从而引导学生深入理解物理原理。

2. 运用思维工具使思维可视化

思维工具属于认知工具，本质上是一套用来引导人们思考方向和侧重点的思维策略方法，包括思维可视化工具和思维策略工具两部分。思维可视化工具和思维策略工具往往是一个统一体，即人们选择了某种思维可视化工具，也就选择了隐含在其中的策略工具。思维可视化工具的最大作用在于将思维过程和思维结果进行可视化呈现，减少对工作记忆本身的依赖，从而帮助学习者将更多认知资源用到高端的思维加工上去。

随着信息技术的发展，出现了很多用于制作思维图的思维可视化工具软件。使用思维可视化工具软件在编辑、修改、保存、分享、远程协作制作思维图等方面较有优势，但与用纸笔制作相比，在训练学生思维能力、展示思维过程及结果上并没有多大区别。因此，对于混合式深度学习来说，是否采用思维可视化工具软件制作思维图不是重点，如何合理利用不同的思维可视化工具，厘清、呈现问题解决的思维过程，引导学生深入思考并构建知识体系才是重点。

（1）让学生了解常用思维可视化工具的用途。在教学实践中，思维导图是近年来最常用到的一类思维可视化工具，主要被教师用来展示课程学习内容的纲要和知识点的归纳梳理。实际上，思维可视化工具远不止思维导图一种，研究人员还开发了不少隐含思维策略的思维可视化工具图。思维可视化工具不仅是教师教的工具，更重要的是它还是学生主动学习的认知工具。让学生先了解、掌握常用思维可视化工具的用途，是学生自如地、恰当地应用不同种类的思维可视化工具来开展混合式深度学习的前提。

（2）融合应用于多样化的学习活动。

第一，用于自主学习活动的个人知识梳理。自主学习活动是一种体现学习者主体性、能动性、独立性的学习活动。在自主学习活动中，学生自主收集整理分析资料、自主地去获取新知识、自主探究分析解决问题，能够促进学生对所学内容的深度理解。自主学习活动是混合式深度学习常常用到的学习活动形式，借助思维可视化工具，学生可以将自主学习时的思考、想法、获取的信息以简练的图示方式呈现出来，可以把独立建构的知识间联系的过程、结果可视化呈现出来，从而达到引导学生进行深入思考、提高自主学习质量的目的。对教师而言，也可以从中了解学生自主学习思维活动的过程和结果，从而对学情有一个更准确的评判。

第二，用于协作学习活动的同伴观点分享。在协作学习活动中，同伴观点分享是一种重要的实践方法，通过对话、商讨、争论等形式，小组成员可以对问题进行充分论证，以期达到小组学习目标。这种方式有助于发展学生个体的思维能力，因为在与同伴的互动中，学生需要从不同角度思考问题，并表达自己的见解，从而提升自己的思维深度和广度。这种交流也能增强学生个体之间的沟通能力，因为他们需要清晰地表达自己的想法，并理解他人的观点，从而有效地进行交流和合作。同伴观点分享，还有助于培养学生对学生个体之间差异的包容能力，因为学生需要尊重和理解他人的观点，即使这些观点与自己的不同。

这样的交流模式对于培养学生的批判性思维、创新性思维以及积极的情感、人际关系都具有积极作用。通过与同伴的讨论和辩论，学生不仅可以学会批判性思考，还能够发展出创新性地解决问题的能力。通过与不同背景和观点的同伴交流，学生能够更好地理解他人，增进彼此之间的情感联系，建立良好的人际关系。

在混合式深度学习中，同伴观点分享具有特殊的意义。借助思维可视化工具，可以将小组成员经过对话、商讨、争论整合成的小组观点可视化呈现出来。这样的可视化有助于学生更清晰地理解小组成员的想法，并通过组间交流进行更大范围、全班的观点分享。这种方式不仅可以促进更广泛的思想碰撞，也能够加强学生之间的合作，达到同伴互助的效果。因此，同伴观点分享在协作学习活动中扮演着重要角色，为学生提供了一个积极的学习环境，促进了他们的学术和人际发展。

第三，用于学习展示和自我反思。学生将自主学习或协作学习的成果利用思维可视化工具展示，思考方法及信息分享更直观清晰，有利于同伴、教师做出更准确的评价和反馈。从他人的反映或评价中，展示者得以修正、补充自身的认知和思考，促进深度学习的发生。反思学习的主要功能是提高学习者自我认识、自我评价、自我对待及自我改造和发展的能力。自我反思学习是一种内隐的学习形式，通过思维可视化工具（如 PMI 或 KWL 表格）把需要学生进行反思的项目或内容系统清晰地呈现出来，既有利于引导学生进行全面、深入的反思，也有利于教师了解学生的学习情况，开展更有针对性的教学。尤其对于年龄较小的学生，由于受到认知结构限制，一般还不能独立地对自己所解决的问题进行反思和总结，需要教师搭建平台、提供手段或工具以引导和帮助学生进行反思。

（三）混合式深度教学设计——多维互动策略

混合式深度教学设计旨在通过多维互动策略，促进师生间、生生间以及人机之间的交流与合作，达到更高效的学习效果。从语言学的角度来看，互动是一种双向传播和反馈的过程，涉及参与者之间的同步或异步交谈、对话和事件。在教学中，互动的设计至关重要，因为它直接影响着教学效果。在混合式教学中，互动的主体多种多样，形式也十分丰富，包括师生互动、生生互动，以及人机互动，同时涉及线上和线下两个空间。因此，混合式教学的互动是一种多维的、复杂的互动形态。

第一，互动设计整体化。设计好混合式深度教学的多维互动需要整体化。这意味着将线上和线下的互动作为一个整体来进行设计，确保两者之间的衔接和互补。由于学生在线学习的时间有限，而在线学习又容易导致师生时空分离，在线教学部分的互动可能相对较浅。因此，在线下的面对面教学环节应该加强深层次的互动，以确保学生的学习效果。这要求在设计互动活动时，教师需要有整体观，同时注意在线上和线下互动的衔接，确保教学过程的连贯性和有效性。

第二，人际互动深层化。首先，为了实现人际互动的深层化，要营造平等、民主、和谐的互动氛围。这样的氛围能够让学生更加积极地思考、合作和表达。其次，可以通过设计驱动性问题和问题链来引导学生进行深层次的理解性学习，鼓励学生提出问题、协同探究问题，并就研究问题进行讨论和汇报。教师在对话中应该注重技巧，避免仅仅停留在概念认知和内容复述上，而要通过追问、因势利导等方式引导学生思考，促进深度学习的发生。最后，要注意生生协作的方法。小组协作是生生互动的主要形式之一，通过各种形式的小组协作活动，可以促进学生的思维能力、沟通能力和包容能力的发展，从而实现深度学习的目标。

第三，人机互动的智能化。随着人工智能和网络技术的发展，人机互动越来越智能化。合理利用智能化或半智能化的人机互动功能，可以提高师生的交互体验，同时帮助学生提高学习效率，记录学习轨迹，并分析学习结果，为深度学习提供支持。例如，利用在线自适应学习系统，可以为学生提供个性化的学习资源；利用可视化编程软件，可以培养学生的计算思维能力；利用互动式虚拟现实 / 增强现实资源，可以激发学生的主动探究兴趣。

（四）混合式深度教学设计——全程评价策略

1. 全程评价目的与特点

评价是教育教学活动必不可少的组成部分，是检验学习目标是否达成的标准。混合式深度学习的学习目标包括行为目标、认知目标和情感价值观目标，聚焦核心素养的培养。这就决定了对其效果的评价既要有终结性评价，也要有过程性评价。也就是说，混合式深度教学的评价是一种贯穿学习过程始终的全程评价。全程评价通过持续地进行信息反馈，可以随时了解学习目标达成情况、监测与调控学习过程、指导学生改进学习的方式及教师的教学，从而使学习不断深入。在单元教学活动设计、单课时教学活动设计中，混合式深度教学更多地要关注学情诊断评价、学习实践评价、学习成果评价这些过程性评价。

2. 评价设计要点的把握

评价设计在深度学习活动中具有至关重要的作用。在学习活动开始之前，明确提出评价标准是必不可少的。这一举措能够引导学生对学习任务的认识，使其了解教师、同伴或其他评价者将如何评价他们的学习过程和成果。由此，学生能够更好地调节学习方向，最终达成预期的学习目标。设计评价标准时，应该充分考虑学生的主动性和独立性，以及他们在学习过程中可能面临的困难和挑战。只有通过设定明确的标准，才能有效地引导学生，降低他们迷途或荒废的风险。

多种评价工具的使用是实施全面、分层次评价的关键。深度学习的评价不仅要关注学生的知识与技能掌握情况，更要关注学生的学习过程、方法以及相关的情感态度和价值观方面的发展。在设计评价内容时，应该全面考虑学科学习目标和一般性发展目标，确保评价内容具有多样性和综合性。评价应该分层次进行，根据不同的评价重点选用不同的评价工具和方法。除了传统的测试练习和作业外，还可以采用活动记录或活动档案袋、量规和概念图等表现性评价工具。

活动记录或活动档案袋可以通过操作观察、逸事记录等方式收集过程性信息，促进学生形成记录学习过程的习惯，并通过自我反思调整学习方向。在网络化教育系统中，档案袋的建立和维护可以自动进行，这为学生的学习跟踪提供了便利。量规作为一种结构化的定量评价标准，具有操作性好、准确性高的特点，可用于评价学生在学习过程中的表现和成果。概念图作为可视化思维工具，可以帮助学生理清知识结构，促进思维外化和学习反思。这些评价工具的运用丰富了评价方式，使评价更具针对性和多样性。

为了培养学生的评价能力，应该尽量提供给他们自评和互评的机会。学生通过制定和使用评价标准，进行自我评价、评价同伴和评价教师，能够加深对自我的认知，改进学习方法，增强学习的自觉性。多主体评价方式有助于学生之间的相互监督和学习氛围的建立，促进学习效果的提高。

在实践中，评价设计要点的把握需要教师在教学实践中不断探索和总结。评价标准的制定要考虑到学科特点、学生特点和教学目标，要与教学内容和教学方法相结合，使评价更具针对性和有效性。教师应该灵活运用各种评价工具和方法，根据评价目的和评价内容的不同选用合适的评价方式。在评价过程中，要注重与学生的互动，鼓励学生参与评价，引导他们形成良好的评价习惯，从而实现学生全面发展的目标。

3. 运用信息技术支持全程评价

信息化评价工具及网络学习平台可支持混合式深度学习的学习评价，而且这种支持技术日趋自动化、智能化，可全景式记录在线教学过程的全部数据。在线学习测评技术的发展为学习评价提供了更加便捷、灵活的手段与方式，利用在线数据可以使评价精准及时，促使学习变得更加开放和多元。

（1）在线测试。在线自动测试系统可以提供多种题型，单选题、多选题、填空题、主观题、投票等多元化的测试类型，由系统进行实时反馈。实时反馈功能主要通过智能导师模块来实现，这对于事实性、概念性和程序性知识的测评比较有效。在线自动测试功能可用于课前诊断性测试、课中形成性测试、课后作业以及考试。

（2）在线讨论。使用网络学习平台提供的讨论区、弹幕、抽答、随机点名、评论功能等都能实现在线讨论。在线讨论使学生人人都可以同时参与讨论，能够快速了解其他人的想法和见解。从讨论情况可以看出，学生全体和个体的参与度与思维活跃性，教师能够据此快速总结归纳学生反映的问题，以便进一步调整教学策略或进行个别指导。

（3）学习过程记录。网络学习平台通常能自动记录教学过程，采集教与学过程中产生的数据，这有利于对学生网上学习行为进行记录和分析，为评价学生学习过程提供依据。目前有多种智慧课堂学习平台，均可以收集资源应用和分享、互动类型及次数、智慧课堂实时应用、作业布置及完成情况等数据，并进行统计和可视化呈现，有些平台还具有师生行为分析的功能。

第三节　混合式学习及模式与空间设计

一、混合式学习的认知

（一）混合式学习的理论基础

混合式学习作为一种整合传统面对面教学和在线学习的教育模式，其认知理论基础包含多种学习理论和认知科学的原理。下面从认知负荷理论、多重表征理论和社会认知理论等方面展开讨论，以探究混合式学习中的认知机制。

第一，认知负荷理论强调了学习任务对认知系统的负荷，分为内部认知负荷、外部认知负荷和耦合认知负荷三个层面。在混合式学习中，学习者需要同时处理面对面教学和在线学习的信息，因此其认知负荷相较于单一模式可能更为复杂。内部认知负荷主要涉及学习者个体认知能力和信息处理能力，面对面教学和在线学习的融合要求学习者更加灵活地运用认知策略，控制学习过程中的认知负荷。外部认知负荷包括学习环境的复杂性和任务的规模，混合式学习的学习环境既有传统教室的情境，又有在线学习的虚拟环境，学习者需要在这两种环境间切换，适应不同的学习任务和场景。耦合认知负荷是指任务本身的复杂性，如面对面教学中的讨论与在线学习中的在线作业可能需要不同的认知资源，学习者需要有效整合这些资源，完成学习任务。

第二，多重表征理论认为，人类思维是基于多种表征系统的交互作用，包括语言、图像、符号等多种形式的表征。在混合式学习中，传统的面对面教学提供了口头语言和实物展示等形式的表征，而在线学习则通过文字、图像、视频等多种媒体呈现信息，这种多重表征的结合使得学习者能够从不同角度理解知识，提高学习效果。多重表征也促进了知识的迁移和应用，学习者在面对面教学中获得的实践经验，可以通过在线学习中的案例分析得到加强，从而更好地应用于实际问题的解决。

第三，社会认知理论强调了学习的社会性和文化性，认为学习是一种社会实践，知识的构建和传递是通过社会互动完成的。在混合式学习中，学习者不仅与教师进行面对面的互动，还可以通过在线平台与同学进行讨论、合作，这种社会性的学习环境有助于促进知识的共享和合作学习，增强学习者的学习体验和成就感。

（二）混合式学习中的认知过程

混合式学习涉及多种学习方式的整合，其中包括面对面教学、在线学习和自主学习等。下面从信息加工、学习策略和元认知等方面分析混合式学习中的认知过程。

第一，信息加工是认知过程的核心环节，包括感知、注意、记忆、思维和解决问题等多个方面。在混合式学习中，学习者需要同时处理来自面对面教学和在线学习的信息，因此其信息加工过程可能更为复杂。面对面教学提供了直观的感知信息和实物展示，学习者通过观察和听讲以获取知识；而在线学习则通过文字、图像、视频等多种媒体呈现信息，学习者需要通过阅读和观看等方式进行信息加工。在这个过程中，学习者需要有效管理注意力，筛选重要信息，加强记忆和思维，以促进知识的理解和应用。

第二，学习策略在混合式学习中发挥着重要作用。学习策略是指学习者有意识地选择和运用的方法，以达到学习的目的。在混合式学习中，学习者可以根据不同的学习任务和学习环境选择合适的学习策略。例如，在面对面教学中，学习者可以通过积极参与讨论和提问来加深理解；在在线学习中，学习者可以通过自主阅读和在线讨论来获取知识。学习者还可以利用在线学习平台提供的学习资源和工具，如在线测验和讨论论坛等，来加强学习效果。

第三，元认知是指对自身认知过程和认知策略的监控和调节。在混合式学习中，学习者需要不断反思和调整自己的学习行为，以提高学习效果。例如，学习者可以通过反思自己的学习目标和学习进度，调整学习计划和学习策略；也可以通过自我监控和自我评价，及时发现和纠正学习中的问题和错误。元认知的发展有助于学习者提高自主学习能力和学习效率，从而更好地适应混合式学习的需求。

（三）混合式学习的认知效果评价

混合式学习作为一种整合了传统面对面教学和在线学习的教育模式，其认知效果评价是评价其教育效果和学习成果的重要途径。下面从认知成效评价、学习体验评价和学习转化评价等方面，分析混合式学习的认知效果评价。

第一，认知成效评价是评价学习者在认知层面的学习成果和学习效果。在混合式学习中，认知成效评价主要包括知识的掌握程度、学习者的问题解决能力和知识迁移能力等方面。知识的掌握程度可以通过考试、测验和作业等方式进行评价，以检验学习者对课程内容的理解和掌握程度；问题解决能力可以通过案例分析、项目作业和实践活动等方式进行评价，以考查学习者在实际问题解决中的能力；知识迁移能力可以通过跨学科的考核和实践项目等方式进行评价，以检验学习者将所学知识应用于实际问题解决的能力。

第二，学习体验评价是评价学习者在学习过程中的主观感受和体验。在混合式学习中，学习体验评价主要包括学习者的学习动机、学习满意度和学习自信心等方面。学习动机可以通过问卷调查和访谈等方式进行评价，以了解学习者参与学习的动机和目的；学习满意度可以通过问卷调查和反馈表等方式进行评价，以了解学习者对教学内容、教学方法和教学环境的满意程度；学习自信心可以通过自我评价和同伴评价等方式进行评价，以了解学习者对自己学习能力的自信心。

第三，学习转化评价是评价学习者将所学知识和能力转化为实际行为和实际成果的能力。在混合式学习中，学习转化评价主要包括职业能力、创新能力和终身学习能力等方面。职业能力可以通过实习评价和职业考核等方式进行评价，以检验学习者在职业岗位上的工作能力；创新能力可以通过项目作业和科研项目等方式进行评价，以检验学习者在解决实际问题和开展创新活动中的能力；终身学习能力可以通过继续教育和自主学习等方式进行评价，以检验学习者在不断学习和不断进步过程中的能力。

二、混合式学习的模式构建

混合式学习作为一种融合了传统课堂教学和在线学习的教学模式，近年来备受关注。在混合式学习中，各种不同的教学模式被运用，以创造更加丰富和有效的学习体验。下面探讨常见的混合式学习模式：

（一）倒置课堂模式

倒置课堂模式是混合式学习的一种典型模式，其核心理念是将课堂时间从传统的讲授转变为讨论和实践。在这一模式下，学生通过在线学习平台自主学习课程内容，课堂上则进行针对性的讨论、问题解答和实践活动。这种模式推动了学生主动学习的理念，激发了他们的学习兴趣和参与度。

倒置课堂模式的优势在于充分利用了课堂时间，将重点从简单的知识传授转移到了高层次的思维活动上。学生通过自主学习，可以更深入地理解知识，而在课堂上的讨论和实践则促进了他们的思维碰撞和知识应用。这种模式也提高了教师的教学效率，让他们更专注于学生的学习过程和问题解决。

（二）轮换模式

轮换模式是一种将学生分组，让不同小组在不同学习活动之间轮流切换的模式。例如，一部分学生在课堂内进行小组讨论或实验，而另一部分则在线完成相关任务。这种模式有助于充分利用学习资源和课堂时间，同时提供了更多的互动机会。

在轮换模式下，学生能够从不同的学习活动中获益，促进了他们的全方位发展。通过小组讨论和实验，学生可以锻炼团队合作能力和问题解决能力；通过在线学习，则可以灵活地安排学习时间，提高自主学习能力。这种多样化的学习体验有助于满足不同学生的学习需求，提高整体学习效果。

（三）模块化学习模式

模块化学习模式将课程内容划分成多个模块，每个模块都有特定的学习目标和任务。学生可以根据自己的学习需求和兴趣选择模块进行学习，同时通过在线平台获取相关资源和指导。这种模式强调了学习的个性化和自主性，促进了学生的主动学习。

模块化学习模式的优势在于能够满足不同学生的学习需求，让他们根据自己的兴趣和能力进行学习。学生可以根据自身情况选择学习内容和学习速度，从而更有效地掌握知识。这种模式也提供了灵活性，允许学生随时调整学习计划，以适应个人学习进度和需求的变化。

（四）个性化学习模式

这是根据学生的学习特点和需求，为其提供个性化的学习路径和资源。通过学习分析和评估，系统可以为每个学生量身定制学习计划，并提供相应的学习资源和支持。这种模式强调了学习的个性化和差异化，最大程度地发挥了学生的潜能和学习效果。

个性化学习模式的优势在于能够精准地满足学生的学习需求，提高了学习的效率和效果。通过系统的学习分析，可以深入了解学生的学习情况和问题所在，从而有针对性地提供学习支持和资源。这种模式不仅能够提高学生的学习动力和兴趣，还可以最大程度地发挥他们的学习潜能，实现个性化的学习目标。

三、混合式学习的空间设计

（一）学习空间的认知

学习空间是学习活动进行的地点，它的类型多种多样，每种类型的学习空间都具有其独特的特点和功能。学习空间的特征直接影响着学习者的学习过程和学习效果。下面从物理环境、社交环境和技术环境三个方面，来探讨学习空间的特征。

第一，物理环境特征。物理环境特征是指学习空间的空间结构、布局和装饰等方面的特点。首先，学习空间的布局应该合理，以促进学生之间的交流和互动。例如，教室中采用圆桌或 U 形桌布置，可以增加学生之间的面对面交流。其次，学习空间的装饰应该符合学习活动的需要，营造积极的学习氛围。例如，在图书馆中可以设置舒适的阅读区和安静的研究区，为学生提供不同的学习环境选择。

第二，社交环境特征。社交环境特征是指学习空间中师生之间的互动和合作关系。一个积极的社交环境可以促进知识的交流和共享，激发学生的学习兴趣和动力。在教室中，教师应该营造开放、包容的氛围，鼓励学生提出问题和参与讨论。在实验室中，学生之间应该相互合作、协作，共同完成实验项目。这种良好的社交环境有助于提高学生的学习效果和团队合作能力。

第三，技术环境特征。技术环境特征是指学习空间中所使用的技术设备和工具。随着信息技术的不断发展，越来越多的学习空间开始引入各种先进的技术设备，如电子白板、智能教室等。这些技术设备可以提高教学的互动性和趣味性，激发学生的学习兴趣。虚拟学习空间也为学生提供了丰富的学习资源和工具，如在线课件、电子书籍、学习管理系统等，这些工具使学生可以更加便捷地获取和管理学习资源，提高学习的效率和质量。

（二）混合学习空间

混合学习空间是教育领域一个重要的概念，其定义涵盖了实体（物理）空间和虚拟空间的结合，以满足学生深度学习需求为目标。与传统的教学环境相比，混合学习空间强调了技术融入整个学习过程的重要性，并将在线学习作为必要的组成部分。这种学习空间不仅仅是一种开放的系统，更是一个建立在建构主义和联通主义学习理论指导下的学习广场。在混合学习空间中，实体和虚拟元素相结合，以支持情境创设、协作交流和自主探索，同时具备数据支持、非线性、智能化和碎片化等特性。

混合学习空间的核心在于将实体空间与虚拟空间相融合。在实践中，这种融合体现在对传统课室和教学环境的改造与创新上。例如，浙江大学附属中学利用现有的信息化设备，对学科实验室和教室进行改造，融合了智能教学平台、产品和服务，打造出了创新的学科教室。这些教室不仅仅是传统的教学空间，更是融合了高科技设备与学科教学需求的实践场所。在这些教室中，学生可以体验到高科技的教学环境，如每张桌上配备的 iPad、与大屏幕实时连接的数据显示系统、用于练习听力的耳机等，这些设备为学生提供了更加丰富的学习体验，激发了学习兴趣。

混合学习空间的建设不仅仅是设备的引入，更是对教学模式的创新和学习方式的改变。通过技术的支持，学生可以在实体和虚拟空间中进行更加自主、个性化的学习。例如，在语文学科教室中，通过触屏电脑与智能图书馆的连接，学生可以随时随地进行阅读，这打破了传统教室学习的时空限制，使学习真正成为一种生活方式。在美术教室中，学生可以利用 Wi-Fi 和终端查找素材进行创作，这种创新的学习方式激发了学生的创造力和想象力。混合学习空间的建设不仅仅是为了教学的便利，更是为了激发学生的学习兴趣和主动性，培养学生的创新能力和综合素质。

随着社会的发展和科技的进步，混合学习空间已经不再局限于教室内，而是扩展到了整个校园和社会空间。学校通过建设无线网络和智能设备，实现了校园内外的学习互联。例如，学校走廊和休息区的设计，提供了学生和教师轻松舒适的学习和交流空间，促进了师生之间的互动和合作。学校还建设了数字视频录制亭，为师生提供了自主录制微课和制作视频的平台，这种开放的学习环境使学习不再受限于时间和地点，激发了学生的学习热情和创造力。

（三）混合学习空间的功能与设计

1. 智能教室

智能教室的概念源自对传统教学模式的思考和挑战。1988 年雷西尼奥（Rescigno）首次提出的智慧教室，为后续智能教室的发展奠定了基础。在传感技术、网络技术、富媒体技术以及人工智能技术的快速发展中，教室环境需要适应新的教学模式和学习需求。因此，智能教室应当具备优化教学内容呈现、便利学习资源获取、促进课堂交互开展、具有情境感知和环境管理功能等特点。下面探讨智能教室的关键组成部分以及未来发展趋势。

（1）环境感控系统。智能教室环境感控系统的目的在于通过物联网技术实现对教室环境的智能化监测和调控。环境感控系统依靠传感技术、无线网络技术以及通信技术，实现对教室内的灯光、温度、湿度等参数的实时监测与控制。例如，光照传感器、湿度传感器、温度传感器等设备能够实时采集相关数据，并通过无线网络传输至服务器端进行实时分析。工作人员可以通过智能终端获取实时信息，并根据需求进行自动或手动控制。在未来发展中，环境感控系统将更加智能化和自适应。随着物联网技术的不断发展和智能算法的应用，智能教室的环境感控系统将具备更强的自学习和自适应能力，能够根据教室内外的环境变化自动调整，为师生创造更为舒适、适宜的学习环境。

（2）云课堂系统。云课堂系统是智能教室的核心组件之一，其目的在于打造一个集教学资源展示、网络教学、学习过程追踪、师生互动和管理等功能于一体的综合平台。通过“云、网、端”技术，云课堂系统能够覆盖课前、课中、课后、课外的教育和学习全流程，为师生提供全方位的教学支持。未来的云课堂系统将更加注重个性化和智能化。随着大数据和人工智能技术的不断进步，云课堂系统将能够根据学生的学习习惯、兴趣爱好和学习水平，为其推荐个性化的学习内容和学习路径。云课堂系统还将拥有更强大的数据分析能力，能够实时监测学生的学习状态，并及时调整教学策略，以提高教学效果。

（3）交互式显示系统。交互式显示系统是智能教室中至关重要的环节，其目的在于提供一个集成化的平台，实现教师和学生之间的实时交互和信息共享。交互式电子白板系统是其中的典型代表，通过触控技术实现对显示内容的操控和人机交互操作。在未来，交互式显示系统将更加智能化和多样化。首先，随着人工智能技术的不断发展，交互式电子白板系统将具备更强大的智能识别和处理能力，能够实现对师生行为和语音的识别，从而实现更加智能化的互动体验。其次，交互式显示系统将在设备尺寸和功能上实现更为多样化，满足不同教学场景和需求的要求。

（3）场景自动生成系统。场景自动生成系统是智能教室中的一项创新技术，其目的在于实现对教学场景的实时记录和保存。通过图像跟踪采集、云存储等技术，场景自动生成系统能够实时采集课堂中的教学视频、音频、教学资源、文本、图片等数据，并录制保存到主机中。场景自动生成系统将更加智能化和互联化。随着 5G 技术的广泛应用和物联网技术的发展，场景自动生成系统将能够实现教室之间的实时互联和共享，实现跨地域的远程教学和互动。场景自动生成系统将具备更强大的数据分析和处理能力，能够为教师提供更多样化的教学支持和反馈，从而提高教学效果和质量。

2. 互联网 + 创新实验室

互联网 + 创新实验室作为创新实验室的新形态之一，旨在融合互联网技术和实验室资源，提供更加灵活、开放、智能的学习环境，以满足学生个性化、探究性学习需求。其涌现与 STEM 教育及跨学科学习的兴起密切相关，同时也是对传统实验室模式的一种革新和完善。

在传统实验室的基础上，互联网 + 创新实验室在功能定位和建设目标方面呈现出明显特点。首先，与传统实验室注重“重现”和“验证”不同，互联网 + 创新实验室更注重培养学生的创新意识和思维品质。其次，在建设目标方面，互联网 + 创新实验室着重于服务全体学生，为其提供一个个性化、灵活性强的学习环境，让学生能够在其中充分展现个性、激发兴趣、发挥想象，从而培养其创新实践能力。

在互联网 + 创新实验室中，互联网技术的运用起到了至关重要的作用。首先，互联网技术能实现实验室资源的共享和开放，学生可以通过网络平台获取更加丰富的学习资源，包括视频教程、模拟实验软件、在线课程等。其次，互联网技术能够实现实验过程的记录和智能评测，学生可以通过电子化的实验报告和作业提交，实现对学习过程的全面记录和评价，促进学生的自主学习和自我评价能力的提升。此外，互联网 + 创新实验室的建设需要结合当地的教育实际和学校的特点，进行合理的课程设计和资源配置。例如，一些缺少空间的学校可以考虑创建移动 STEM 实验室，将实验设备装备在小推车上，根据需要推送到不同的教室，为学生提供更加灵活便捷的学习环境。这种方式既可以满足学生的实践需求，又能够充分利用有限的教室资源，提高实验室的利用率和效益。

第四节　线上线下混合式教学模式改革与设计

一、线上线下混合式教学模式的改革

随着计算机和互联网的快速发展，越来越多的学校开始重视线上线下混合式教学，开展线上线下混合式教学对提高教学质量是十分有帮助的，因此要进一步丰富线上学习资源，以增加学生线上学习的积极性。并且现在，“国内外越来越多的教师和相关专家鼓励教学中采用线上线下混合模式”[①]。下面从教育技术、教学设计和评价体系等方面，探讨线上线下混合式教学模式的改革。

第一，线上线下混合式教学模式的改革需要借助先进的教育技术。随着网络技术的不断发展，教育者可以利用网络平台、多媒体技术等工具，打破时空限制，实现异地教学和跨学科融合。例如，通过视频直播、在线课程等形式，教师可以实现远程教学，并通过实时互动与学生进行沟通交流。教育技术还可以为学生提供个性化的学习体验，通过智能化的学习系统，根据学生的学习状态和需求，提供相应的学习资源和指导，从而促进学生的自主学习和创新能力的培养。

第二，线上线下混合式教学模式的改革需要设计合理的教学方案。教学设计应充分考虑学生的学习需求和特点，以及教学内容的本质和难度，灵活运用线上线下教学资源，设计多样化的学习任务和活动。例如，可以结合线上资源和线下实践，开展项目式学习和问题解决式教学，引导学生主动探究和合作学习。教学设计还应注重教学活动的导向性和评价的有效性，通过设定明确的学习目标和评价标准，引导学生进行自我反思和学习成果的展示，实现有效的教学效果评估和反馈。

① 梁斌．基于云教育线上线下混合教学的研究分析 [J]．新课程，2021（17）：27.

第三，线上线下混合式教学模式的改革需要建立完善的评价体系。评价是教学的重要环节，对于促进学生学习和提高教学质量至关重要。在混合式教学模式下，评价应充分考虑线上线下学习的整体效果，综合考量学生的学习表现和成就，包括知识掌握、能力培养和情感态度等方面。评价方式既可以采用传统的考试和作业，也可以借助现代化的学习分析和数据挖掘技术，实现对学生学习过程和学习轨迹的实时监测和分析。教师还可以通过学生反馈和教学评价，及时调整教学策略和改进教学方法，提高教学效果和学习满意度。

二、线上线下混合式教学的课堂设计

（一）线上与线下的区别

1. 线上与线下活动课的区别

（1）线上与线下活动课的不同点

第一，活动形式不同。一是线上活动课：线上活动课是以网络为主，表现形式有两种：直播和录播。二是线下活动课：线下活动课是需要学生到教室里面，亲自参与活动。

第二，活动内容不同。一是线上活动课：因为是在网络上开展，所以一些主流实践活动无法实现，可以举办一些通过网络小程序、视频通话、语音通话等方式参与的活动，但还是更偏单方向的讲授法，并且以播放视频、音乐等方式为主。二是线下教学：线下教育由于可以在课堂上直接和教师进行沟通参与，因此，以主流活动为主。

第三，方便程度不同。一是线上活动课：在线不受时间和地点的限制，只需在有网络的情况下，即可达到教学要求，所以更加便捷。二是线下活动课：需要提前布置场地，约定时间地点，不够便捷。

第四，成本不同。线上活动课与线下活动课的费用相比，线上活动的成本相对较低，线下活动的成本较高，如线下活动课需要提前布置场地，购买道具，需要的人力物力成本都比较大。

第五，效果反馈。一是线上活动课：因为隔着网线，再加上关闭摄像头麦克风，教师并不知道对面的学生在干什么，只能进行简单监督，所以参与效果并不佳。二是线下活动课：学生置身于活动场景中，可以直接参与活动，教师也可以直接进行课堂活动调节，就算学生没有机会参与活动，但声音画面气氛仍然可以影响他，参与效果强。

（2）线上与线下活动课的相同点。线上与线下活动课在多个方面存在共同之处，主要包括：一是教学目的一致；二是教学内容一致；三是教学媒介有些可以一致，如 PPT 视频声音等，教室里的多媒体也可以播放；四是教育者一致；五是受教育者一致。

2. 线上与线下的授课区别

线下教育由于可以在课堂上直接和教师进行沟通，因此，对学生可以起到监督作用；线上教育因为上课时教师不在学生身边，是通过视频进行教学，所以更考验学生的自觉。线上教育相比于线下教育，在线教育不受时间和地点的限制，只需在有网络的情况下，即可达到教学要求，所以更加便捷。

3. 线上教学和线下教学的区别

（1）教育形式不同，线上教学是以网络为主，表现有两种形式：直播和录播。

（2）对学生要求不同，线下教学是学生和教师进行对话交流，可以更好地监督学生在学习中取得进步。

（3）方便程度不同，线上教学要在有网络情况下才能更好地进入教学，而线下教学是直接对学生进行了解。

（4）学习效果不同，线上教学是教师不能正确地看到学生在学习中有不足的地方，线下教学教师可以跟家长交流。

（二）线上线下混合的课堂教学结构设计

线上线下混合式教学的核心在于教学结构的翻转，这一设计的特点在于，将课前预习的任务从传统的无指导性转变为有目的性、针对性的学习活动。传统预习通常缺乏与教学主题的直接联系，学生容易感到迷茫。因此，线上线下混合式教学在课前准备时，教师需要精心策划与教学主题紧密相关的学习资源，并通过在线教学平台发布个性化的学习任务，以满足不同学生的学习需求，包括但不限于教学内容的难度和学习要求的差异。这样的设计能够引导学生有序地进行学习，在遇到问题时能够通过反复观看资源或与同学、教师进行在线交流讨论来解决。

在整个课前学习过程中，内容明确、目标清晰，为课堂内化的活动奠定了坚实的基础。学生通过充分的自主学习，课上带着疑问前来，而非被动接受教师的指导。这种有关教学主题的知识储备使得学生能够真正地参与到课堂讨论中。课堂教学内容也不再是教师根据经验和教材主观判断的重难点，而是来自学生在课前自主学习中真实发现并反馈的问题。因此，课堂中学生的学习与教师的教学更具针对性和互动性，学习氛围更加热烈。这种设计使得面对面教学时间得以充分利用与发挥，提升了课堂教学的价值。

（三）线上线下混合的课堂教学评价设计

混合教学下的课程评价方式需要超越传统的“教室＋试卷”模式。考虑到学生的多元化学习环境以及知识获取途径的多样性，评价内容应该不仅限于书本知识的机械记忆和理解，还应该充分考虑学生的技能操作和实践能力。因此，线上线下混合的课堂教学评价设计需要建立多层次、多元化、动态、开放性的考试及评价体系，结合多种形式，注重过程考核，以对学生的能力进行全面而科学的评估。

在线上线下混合式教学的整个教学活动组织过程中，评价应贯穿课前、课中的整个学习过程。教师应引导学生反思自己的学习，及时调整学习态度和方法，帮助学生养成反思和总结的习惯。教师依据课前和课中的评价结果，对教学过程进行反思和总结，及时改善后续的教学设计。

在考虑评价方式时，应综合运用线上线下的评价手段。线上评价可以通过在线测验、作业提交、讨论参与度等方式进行，而线下评价则包括课堂参与、实践操作、小组合作等形式。这种多元化的评价方式不仅能够更准确地反映学生的学习情况，也有助于激发学生的学习兴趣和动力。

评价设计应注重评价的时效性和及时性，及时反馈学生的学习情况，使其能够及时调整学习策略，提高学习效果。教师还可以通过定期的学习总结与反思，不断改进教学设计，提升教学质量，以实现教学目标的更好达成。

第五节　混合式教学的督导模式的创新探索

为了适应现代信息技术的发展带来的挑战，高校纷纷探索混合式教学模式。这种模式将线上与线下教学相结合，以此实现更加灵活、高效的教学方式，同时保证教学质量和学生学习效果。下面从创新评价机制和优化督导管理两个方面，探讨混合式教学督导模式的创新探索。

一、创新评价机制，构建一体化督导评价体系

面对混合式教学的质量评价，高校需要重新设计评价体系，将线上线下教学的特点充分考虑进去，以确保教学质量持续提升。

第一，高校应构建一体化督导评价体系，满足基础教学功能需求。这包括直播、录播教学及回放，课程建设，教学资源上传和获取，师生实时互动，辅导答疑及考核等。这些功能的完善将有助于提高教学过程的透明度和可控性。

第二，支持教学质量评价与反馈。面对混合式教学模式，评价系统必须支持线上线下同步评价。这不仅包括完善评价功能，支持不同评价指标体系和指标权重的设置，还需要建立起良好的反馈机制。这样的机制不仅能够让教师及时了解自己的教学效果，也可以让督导了解评价结果的使用情况，建立起师生与督导的有效沟通渠道。

第三，实现大数据联动和交叉分析。当前的线上教学工具已经能够完整记录教师授课、学生学习、师生互动的过程，但是这些数据对于教学评价的支撑还不足。高校应当扩充信息化技术，建立起大数据资源库，并对数据进行统计分析和深度挖掘，从中提取解决现有教学过程问题的方法。

第四，管理模块保证延展性。这一点尤为重要，因为一个好的平台不仅能够保证教师和学生的快捷进入，还应当能够提供简化的管理和督导评价流程，保障教学评价的顺利进行。

二、优化督导管理，完善专业科学的督导队伍

督导队伍的质量直接关系到教学督导的效果，因此必须优化督导队伍的结构，提高其专业素质。

第一，建立健全督导管理规章制度。高校应该明确教学督导的功能定位，细化督导工作职责、范围、评价标准和频次，建立督导反馈闭环机制，确保督导结果得到充分应用。

第二，优化督导队伍结构，着力培育高素质督导队伍。高校需要从多个角度考虑，优化督导队伍的构成，提高整体水平。一方面，要加强督导队伍的多元化建设，从品质、学科、经验等多方面进行考量；另一方面，要加强督导队伍的专业素质建设，建立督导学习提升机制，加强对新时代教学模式和现代科学技术的培训，提高督导队伍的工作效率和质量。

第四章　混合式教学与心理健康教育的融合

随着信息技术的迅猛发展，教育领域正经历着前所未有的变革。其中，混合式教学以其独特的教学形式和灵活的教学方法，逐渐成为教育创新的重要方向。心理健康教育作为培养学生全面发展的重要环节，也日益受到社会各界的广泛关注。因此，本章重点探讨心理健康认知及教育的重要性、心理健康教育内容与团体辅导、混合式教学与心理健康教育的关系、混合式教学对心理健康教育模式的改进与优化、混合式教学在心理健康教育中的长远影响。

第一节　心理健康认知及教育的重要性

一、心理健康的认知

（一）健康的认知

健康作为人类生存和发展的基本要素，一直是人们关注的焦点。随着社会不断进步，人们对健康的认识也发生了变化，从早期简单的生理健康到如今更加全面的生理、心理和社会适应能力。

从传统的角度来看，健康主要被定义为人体各器官系统发育良好、功能正常、体质强壮、精力充沛，并具有良好劳动效能的状态。这种定义主要通过人体测量、体格检验和各种生理指标来衡量。然而，随着科学文化的进步，人们开始意识到健康不仅仅是身体的健康，还包括心理和社会适应能力等方面。

心理健康问题的出现，表明了心理与生理健康之间的密切关系。心理健康不仅是消除抑郁、焦虑等心理疾病，更是指一个人对生活、工作和社交的积极态度和适应能力。压抑和焦虑等负面情绪会影响到生理健康，如影响免疫系统的功能，加剧疾病的发展。生理健康问题也会对心理健康造成负面影响，如慢性疼痛会导致情绪低落和抑郁情绪的出现。因此，心理健康和生理健康是不可分割的，二者相互作用，共同维系着整体的健康状况。除了生理和心理健康之外，健康还涉及社会适应能力。社会适应能力是指一个人在社会生活中的适应能力和自我调节能力。一个人是否能够良好地融入社会，与他人建立良好的关系，以及解决社会生活中的各种问题，都是社会适应能力的表现。社会适应能力不仅受到个人心理健康的影响，也受到社会环境和文化因素的影响。例如，一个人如果长期处于压力大、竞争激烈的社会环境中，可能会导致社会适应能力下降，从而影响到健康。

（二）心理健康的主要标准

身体健康是人们最常用的祝福之一，反映了健康对每个人而言都是渴望的。传统观念认为健康即是身体没有疾病。因此，人们通常注重身体的锻炼和保养，却往往忽视了心理健康的重要性。然而，随着科学文化的进步和社会的发展，人们对[illegible]理解越来越深入。心理健康不仅仅意味着没有精神疾病，更是一种幸福[illegible]体现。在这种状态下，每个人都能意识到自身的潜能，能够应对日常的压力，有效地从事工作，并为社会作出贡献。总的来说，心理健康是指个体拥有持续、高效和满意的心理状态，使得生命充满活力，潜能得以开发，价值得以实现。狭义上，心理健康是指个体拥有稳定的情绪、适度的行为反应，并具备协调的人际关系和适应环境的能力。关于心理健康的标准，可以从以下方面理解：

第一，心理健康标准包括：身体、智力、情绪十分调和；能适应环境，人际关系和谐；有幸福感；在工作中能充分发挥自己的能力，过有效率的生活。

第二，心理健康的判断依据包括：所具有的安全感能否满足自身所需；能否充分理解并客观地对自身进行评价；能否凡事从实际出发，制订计划向理想目标前进；能否保持良好的社交关系；能否在生活和外部影响下保持自身人格；能否从周遭环境和自身经历中不断学习；能否在不同情况下维持一定范围内的情绪稳定；能否在环境框架下合理展露自身个性；能否在所处环境规范个人行为的前提下满足自身需求。

第三，关于心理健康的指标主要包括：一是，关于自我，能够了解自我并满足自我需求。对自我价值有客观实际的评估，并有能力体现自身价值是心理健康的重要表现。心理健康的人能够对自身的性格、情绪有客观认识，并对自身能力有准确评价，从而对自身提出合理的期望值，设立能够达到的要求，在迈向理想的道路上制订合理计划，而不是脱离实际；要能够在自身基础条件下发掘潜力，完成更高的追求。不论前行道路上走得如何都能够坦然接受。二是，人际交往方面，能够与周遭的人事物有良好的互动。在接受自我的基础上，能否接受他人是心理健康与否的重要衡量标准，完成自我肯定的同时也要能够完成对他人价值的肯定，能理解和接受他人，在与他人交往时能够保持和谐的关系，能融入集体中享受群体的欢乐，也能够在独处时享受自己的时间。不论是与他人交往还是在集体中，多以正向的态度面对他人，较少出现负面情绪，就能够更好地融入集体，获取安全感和适应度。三是，生活与工作。生活和工作是人们生命中的重要组成部分，在生活中保持积极向上的状态，享受生活中的美好与欢乐是热爱生活的表现；在工作中以达到目标作为准则，并从中获取满足感是热爱工作的表现。对工作和生活的热爱能使人从中获取智慧和能力，并在今后的生活和工作中更好地解决问题，提高生活幸福感，提升工作有效性。四是，对现实发生问题的看待。现实并不总是顺利，因此遇到与预期不符的现实状况时要正确看待。首先面对现实；其次再接受现实，适应后采取有效的措施对其进行改造，以使其能够合理存在。心理健康使人在面对现实时能保持客观的态度；接触现实时，能在客观实际的基础上树立理想，并妥善地处理在追逐理想过程中遇到的挑战。五是，对情绪的控制和心态的保持。控制情绪并非指没有负面情绪，而是在负面情绪出现时能够尽快地走出阴霾，重新拾回快乐和满足。保持心态体现在面对喜乐哀伤时能让自身的心态在一定范围内进行情绪表达，喜乐时不忘乎所以，哀伤时不沉溺其中。社交时能够保持平和的心态面对他人，尊重每个与之交往的人，并在一定的社交框架和规则中寻求自身利益的满足。六是，完整和谐的人格。人格结构由性格、气质、兴趣、信念等多个方面组成，这些人格结构的协调一致性是心理健康的表现。心理健康的人在各方面和谐共生。思考问题也会考虑多方面因素，不偏激，灵活应对人际关系，既不固化交往方式，也不偏激应对，能与他人产生较为适中、合理的交往，也能顺利地融入集体中。七是，拥有正常的智力水平。智力水平决定了工作生活以及学习能否顺利进行，也是衡量心理健康的要素之一。八是，年龄与心理成熟度是否相符。根据不同年龄，人在不同阶段会出现不同的心理行为，绝大部分人在同一个年龄阶段都有相似的表现，如果心理行为特征与实际年龄大致相符，则无须担心心理健康程度。以上列举了不同心理健康的评判标准和尺度，个体可以此来大致衡量自己的心理健康水平。

（三）心理健康的重要意义

心理健康在个体生活和社会发展中具有极其重要的意义，其重要性体现在多个方面。

第一，心理健康是健康的动力和保证。在健康的定义中，不仅包括了身体的健康状况，还涉及心理方面的稳定与健全。生理健康是维持人体正常功能的基础，而心理健康则是保持个体正常心理状态的重要保障。研究表明，身心健康之间相互作用，相辅相成。心理健康的稳定有助于提升免疫系统功能，减少患病风险；身体健康的保持也能够促进心理健康的稳定，使个体更具有抵抗挑战和压力的能力。

第二，心理健康对于适应社会至关重要。社会环境的复杂多变对个体的心理素质提出了更高要求。心理健康的个体能够更好地适应社会的各种挑战与变化。在面对困难和压力时，心理健康的人能够保持冷静，正确理性地处理问题，而不是被情绪所左右。相比之下，心理不健康的个体容易陷入消极情绪中，导致情绪失控、行为偏离常态，甚至出现抑郁、焦虑等心理问题。因此，心理健康对于个体在社会生活中的正常运作和适应至关重要。

第三，心理健康对于学习和工作的积极影响不可忽视。心理健康的个体能够更加专注于学习和工作，更好地发挥自己的潜能和才华。研究表明，心理健康与学业成绩之间存在显著的正相关关系。心理健康良好的个体更容易保持专注，能够更有效地学习和掌握知识。在工作中，心理健康的人更有动力、更有激情地投入工作中，能够更高效地完成工作任务，提升工作绩效。此外，心理健康的个体对待学习和工作更具有积极性和乐观态度，能够更好地面对挑战和困难，从而取得更大的成就。

（四）学生心理健康的影响因素

大学生心理健康问题是在各种内外因素的共同作用下长期累积的结果，因此有必要全面探讨在大学生成长过程中，特别是早期，影响其心理健康的各种因素。

1. 影响学生心理健康的生物因素

遗传是个体心理发展的生物学基础，没有这样的基础，或者在遗传上有严重的缺陷，都会对个体心理发展造成不可弥补的或者极为严重的不良影响，遗传因素对学生心理健康有着重要影响。学生某些心理健康问题与某些遗传因素有着不可否认的联系，有些心理疾病存在明显的家族性倾向。

神经系统的生化因素是影响心理健康的重要因素。精神病患者的脑组织、血液或尿中含有的一些化学物质，如果注入健康人体内，便会产生相应的精神症状。不同的神经递质对人的精神状态和精神疾病会产生不同的影响，如过多的肾上腺素能转化为一种致幻剂，影响神经传递而引起狂躁型精神病症状；一些精神分裂症状则与多巴胺过多有关。同时，母亲在孕期的营养、情绪及身体健康状况不佳，分娩过程异常，一些生理疾病、外伤及中毒、微量元素缺乏，神经内分泌系统异常等生理因素，都可能对子女的健康造成不利影响。

2. 影响学生心理健康的社会因素

人总是生活在一定的社会环境之中，社会文化背景、政治经济状况、社区环境、社会风气、风俗习惯及重大的社会事件等，都会对大学生的心理健康产生影响。近年来，人类在社会经济、文化和科技等领域取得了巨大的进步，人们的生活得到了很大的改善，但同时也加剧了竞争，加快了人们的生活节奏，加大了生活的压力，导致人类心理疾病的发生率呈不断上升趋势。

（1）学生就业问题影响。职业是人生命中的重要组成部分，它决定着一个人的收入、生活水平、社会地位、个人的价值和生活的满足与否。而一个人在事业上的成功与否，关键在于他是否能在所选择的工作中发展自我和实现自我价值，享受他所选定的生活方式。因此，对于大学生而言，就业问题非常重要。许多大学生没有转变自己的择业观念和降低职业期待，对自己的个性、能力、兴趣等缺乏正确的了解，也缺乏求职经验和面试技巧等，更加大了就业过程中的困难和挫折。

（2）网络方面问题影响。互联网跟其他科学技术一样，它既有助于大学生开阔视野，又给他们带来机遇，但同时也给大学生造成了许多不容忽视的消极影响，特别是在心理健康方面。

第一，互联网对大学生的人际交往有重大影响。网上的人际交往不是面对面的直接交往，而是符号化的间接交往。在网络交流过程中，大学生们会感到更轻松、更自在。在虚拟化的社交环境中，大学生们不用担心、掩饰自己的不足，可以通过网络塑造自己的新形象，展现自我，满足许多现实中不可能满足的愿望。但是这种交往方式在物理空间上隔绝和孤立了交流主体，缺乏现实交往所固有的丰富的人情表达和密切的人伦关系，导致人际关系数字化、非伦理化、非人性化，使得人际关系能力下降。导致一些学生一旦离开网络，置身于现实社会中，面对现实中的人际交往时就会出现障碍。

第二，网络也会给大学生的人格发展带来影响。网络上所承载和传播的信息良莠不齐，这既为大学生带来了新的观念和信息，有利于大学生形成开放的心态，也给世界观、人生观和价值观正在形成中的大学生带来很大的影响，使大学生对本民族文化传统和价值观的认同、信任和自豪感受到影响。

3. 影响学生心理健康的学校因素

在大学生的成长过程中，学校教育对其心理发展和心理健康的影响占有重要地位。从学校教育的指导思想、组织形式和教学内容、方法到教师的态度、管理方式及对学生的期待，以及学习压力、人际关系压力和校风等，都会对学生的心理健康造成影响，主要有以下因素：

（1）教师的管理方式、期待的影响。与家庭的教养方式类似，教师的管理方式可以分为民主式、专制式和放任式。显然，民主式的管理方式最有利于学生的心理健康，而专制式、放任式的管理方式均不利于学生的心理健康。教师对学生的态度和期待也会对其心理健康产生效应。如果教师对学生有良好的、积极的期待，即使不用言语明确表达出来，学生也会不知不觉地感受到这些信息，并朝着教师所期待的方向健康发展。

（2）学习压力的影响。适当的压力会使学生产生适中程度的紧张，易于集中注意力，调动积极性，有利于学习。但是过重的压力会造成学生的焦虑不安等，如果长期处于这样的状态，就会导致心理问题的出现。

（3）学校中人际关系的影响。学校中的人际关系是影响学生心理健康的重要因素，这是因为任何人都不能离开他人而生活，人有归属感和交往的需要。人际关系良好与否会直接影响学生的心理健康，人际关系本身就是心理是否健康的重要标志之一。一个有良好的师生关系和同学关系，在班集体中得到肯定、尊重、温暖、平等对待的学生，会产生安全感，这必然有利于其心理的健康发展。校风、学校的管理制度、教育方法与奖惩措施等都会影响学生的心理健康。

4. 影响学生心理健康的家庭因素

个体的早期经验对其一生的心理健康具有重要影响，个体的早期经验对其一生的心理健康具有重要影响，而个体早期的生活环境主要是家庭。“家庭是每个人成长的第一环境，父母是孩子的第一任教师。”[①]家庭的结构和生活氛围、父母的教养方式等均对子女心理发展和心理健康具有重要影响。

（1）家庭结构与生活氛围影响。家庭的结构对学生的心理健康有很大的影响，完整的家庭对子女的心理发展有良好的影响。父母对子女带有差异性的教育是一种天然的和谐，是一种相互取长补短的巧妙配合。而不完整家庭则对子女的心理健康具有十分不利的影响。不完整家庭是双亲的一方或双方死亡、离婚等家庭。在这样的家庭中，由于性别残缺，缺少父爱或母爱，而且父母对子

① 张冬梅，谷丹．大学生心理健康教育［M］．北京：北京邮电大学出版社，2018：11.

女的作用不相同，两者不能互相代替，因此易使个体心理发展，特别是个性、情绪上出现缺陷或障碍，如孤僻、冷漠、焦虑、忧郁、退缩等。

家庭中的生活氛围也对学生的心理健康有直接的影响，孩子在家中生活，时刻感受和体验着家庭的生活氛围。如果家庭各成员之间互相尊重、互相爱护、坦诚、谅解、和气和忍让，家庭中会形成一种和谐、温暖的人际关系和积极向上、轻松、欢乐的生活氛围，这非常有利于个体情绪稳定和良好性格的形成，有利于其心理健康。相反，如果家庭成员之间经常有矛盾，则会导致个体焦虑不安和缺乏安全感，不利于其心理健康。

（2）父母对学生教养方式影响。一般而言，父母对子女的教养方式主要有三种：民主式、专制式和溺爱式。在专制式的教养方式下，子女的意见和愿望得不到表达，他们很少得到尊重和温暖，其行为常常会受到斥责和禁止，容易形成畏惧、缺乏安全感、缺乏自信等性格，会严重抑制其心理的发展，影响他们对社会的适应性。在溺爱式的教养方式下，子女得到过度的保护，而得不到应有的锻炼，不承担应有的责任，同时，无原则地迁就，使子女成为家庭的主宰会使他们容易变得任性、自私，并且自理能力差，缺乏应变能力和正确的自我观念，不易适应社会和学校中的人际关系。在民主式的教养方式下，子女既可以得到尊重和保护，又能受到良好的教育。家长对子女起到指导性的作用，既满足他们的正当需要，又对其不正当的要求和言行给予及时说服教育和帮助。在这种方式下，子女懂得关心人、尊重人、同情人，形成积极乐观和开朗的性格，能较好地适应社会和学校生活。

5. 影响学生心理健康的自身因素

生物因素、社会因素、学校因素和家庭因素对大学生心理健康的影响程度，与其本身的内在心理素质有很大的关系。同样的生活事件对于不同的大学生个体而言有不同的评价和态度，且有不同的意义和结果，因此对大学生心理健康的影响程度是不同的。在大学生的各种心理特点中，最为重要的就是个性特点，那些性格开朗、乐观、自信、果断、坚强、独立的大学生，在面对各种得失、面对各种冲突与选择、面对各种困难与挫折时，他们能理性地对待，会有正确的态度和评价，而且会努力去克服困难，这样就会减少或消除这些应激源对其自身心理健康造成的不良影响。相反，那些悲观、焦虑、依赖的大学生在面对困难与挫折时会出现不正确的态度与评价，会感到不知所措，因此会感到心灰意冷。

二、基于积极心理学的心理健康教育

积极心理学主要致力于研究人的美德以及发展潜力，“在积极心理学视角下开展高校大学生心理健康教育工作，将高校大学生自身积极因素作为研究重点，可以有效优化高校大学生心理健康教育开展思路与实践路径”[①]。高校需要不断丰富大学生心理健康教育资源，加强心理健康教师队伍建设，提升积极心理学与大学生心理健康教育融合程度，推动心理健康教育质量与效率的有效提升。

（一）积极心理学的认知

1. 积极心理学的特征

积极心理学作为一门科学研究，旨在探讨并发现生活中积极美好的方面，涵盖了主观体验、个人特质以及社会机构等多个领域。其核心理念是从人的内在积极因素出发，强调个体的实际、潜在的建设性力量和美德。下面从三个方面探讨积极心理学的特征，包括倡导积极的取向、促进价值回归以及坚持科学的实证。

（1）积极心理学倡导积极的取向。该学派关注的不再是人的疾病和弱点，而是积极品质和力量。它将心理学的视角从阴暗的角落转向了人类的优秀品质。通过客观实证的方法，积极心理学汇聚了关于积极内容的研究，探索人类的积极品质和力量，以此激发每个人内在的积极潜能。例如，积极心理学强调了感恩、乐观、希望等积极情绪的重要性，认为这些情绪有助于个体的心理健康和生活满意度。这种积极的取向不仅有助于改变人们对生活的态度，还能够为个体的发展提供强大的动力。

（2）积极心理学促进了价值回归。在过去，心理学主要关注的是个体的问题和缺陷，而积极心理学的出现使得心理学的研究方向发生了转变。它注重挖掘个体的积极品质，并关注个体在社会中的发展和价值实现。这种转变不仅体现了心理学的技术性，更体现了对个体幸福和社会价值的关注。例如，积极心理学强调个体的自我实现和自我认同，认为这是个体生活的重要价值，而不仅仅是解决问题的手段。通过这种方式，积极心理学使得心理学重新具备了研究价值，促进了价值观的回归。

（3）积极心理学坚持科学的实证。尽管积极心理学强调了对人性积极面的

---

① 刘亚敏．积极心理学视角下高校大学生心理健康教育策略分析运用［J］．邯郸职业技术学院学报，2022，35（2）：68.

探索，但它并不脱离科学的范畴，而是在科学的基础上进行研究。积极心理学的研究方法是在“扬弃”其他心理学分支研究方法的基础上发展而来的，具有个性化的研究方法。例如，积极心理学将操作性定义、评估方法、实验方法、干预手段、结果验证等科学方法引入研究过程，实现了科学性与实践性的有机统一。这种方法论上的创新使得积极心理学成为一个具有学术价值和实用性的领域，为心理学的发展做出了重要贡献。

2. 积极心理学的功能

积极心理学具有积极增进、积极预防和积极治疗三大功能，这些功能都是通过积极干预，即培养积极情绪和增强积极人格来实现的，具体如下：

（1）积极增进。没有心理疾病不等同于心理健康，心理健康的要求更高，它要求人的心理及人的精神应该处于有生机、有力量的强劲状态，积极心理学要帮助有心理障碍的人士以及心理正常的人过上幸福度高、生活丰富的人生。

（2）积极预防。如果能够在人的心理处于较好心理状态时积极预防心理疾病出现，那么在人的心理成长过程中将会避免很多麻烦。积极心理学通过研究发现，人的乐观向上、积极勇敢、诚实坚定、人的休闲、人对现实主义的追求、对未来的期待等，这些人格特质都能有效地预防心理疾病的出现，还可以缓解心理疾病的发展。如果个体能够认识并且增强这些人格特质，那么将能够在很大程度上避免心理疾病。

（3）积极治疗。积极治疗是除了治疗创伤外，还要让个体意识到积极人格力量的影响。积极心理学指出，帮助个体认识优秀的人格力量，帮助个体培养诸如乐观、积极、勇敢这样的人格力量能够缓解个体的心理疾病痛苦，有助于从根本上解决心理疾病。

3. 积极心理学的价值

（1）平衡心理学价值。积极心理学在研究心理学内容及其发展方向时，始终奉行科学方法和原则，强调人们积极心理品质的研究，追求人类生活的幸福与和谐。虽然困难时需注重思考，但在顺境中亦须关注周围环境。积极心理学对积极品质与力量的研究使心理学价值实现了平衡。

积极心理学的出现填补了传统心理学对积极心理品质的研究空白，提供了一种全面理解人类心理的途径。相对于传统心理学偏向研究问题与缺陷，积极心理学更注重对人类内在积极潜能的挖掘。通过探索幸福感、乐观态度、自我实现等积极因素，积极心理学不仅弥补了心理学的不足，也为个体心理健康的提升提供了新思路。

传统心理学在很大程度上局限于问题解决，而积极心理学通过研究积极品质与力量，开启了心理学领域的新篇章。这种平衡的心理学价值观，使得人们更全面地理解心理学的本质，不再将心理学简单地定义为问题与疾病的研究领域，而是将其视为探索人类内在积极力量的科学。

（2）完善心理学功能。积极心理学对当代心理学功能的完善体现在两个主要方面：正向评估与干预。

第一，正向评估与测量。评估和测量是心理学的关键功能之一，而积极心理学的出现使得评估和测量更加全面、准确。通过正向的心理评估与测量技术和标准，积极心理学不仅帮助人们了解自身的积极特质，还能准确地评估个体心理健康状况。这种正向评估方法促进了个体心理健康的全面发展，为心理治疗和干预提供了更为准确的依据。

第二，积极心理干预。积极心理干预注重的是真正的健康关怀理念，强调通过增强个体的积极力量或积极品质来实现心理健康。与传统心理治疗注重问题解决不同，积极心理干预关注的是人类潜力开发与积极性培养。通过积极心理干预，个体能够更好地适应环境、提升心理韧性，从而更好地面对生活中的挑战。

（3）拓展心理学应用。积极心理学不仅在心理学领域取得巨大成就，也渗透到多个社会领域，拓展了心理学的应用范围。

第一，积极心理学与管理学。积极心理学与管理学的融合促进了积极组织行为学的发展。通过研究员工乐观、坚韧和希望的积极心理状态对组织绩效和员工行为的影响，积极心理学为单位提供了更为有效的管理方法。积极心理状态对员工绩效和行为的积极影响，使得积极心理资本成为提升单位竞争力的重要资源。

第二，积极心理学在经济领域的应用。积极心理学对经济学的贡献在于揭示人们不同心态对经济行为的影响。人们在面对收益和损失时的心理态度决定了其行为选择，这对经济决策和政策制定具有重要启示。通过积极心理学的研究，可以更好地理解人们的经济行为，为经济发展提供更为科学的指导。

第三，积极心理学在教育领域的应用。积极心理学在教育学领域的应用主要体现在积极教育方面。通过激活并保护学生的积极因素，如求知欲、自我意识和自我实现的进取心，积极教育助力学生充分发展个人潜能。相较于传统教育注重学科知识传授，积极教育更加关注学生的全面发展，培养学生的自信与积极性。

4. 积极心理学的内容

积极心理学应该关注三个层面的内容：一是主观层面，就是研究积极的情绪和情感，即主观幸福感；二是个体层面，即积极人格特质；三是群体层面，即积极的团体和社会制度，包括关系良好的团体、幸福的家庭等。因此，主观的幸福感、积极的人格特征等就是积极心理学研究的主要内容。

（1）主观的幸福感。幸福是一个深受主观感受影响的心理状态，其核心在于个体对自身生活的总体满意感。心理学界普遍以个体的主观评价标准来定义幸福，即认为幸福是基于个人对生活质量的综合评价。主观幸福感不同于简单的快乐，它是一种更为复杂和持久的情感体验，涵盖了个体对生活各个方面的满意度以及对自身发展的认知。下面探讨主观幸福感的特性、形成因素及其对个体健康的影响。

第一，主观幸福感的特性。主观幸福感具有三个主要特性：主观性、稳定性和整体性。主观性意味着幸福感存在于每个人的个体经验中，评价者根据自己的标准对其生活进行评估，不依赖外界标准。稳定性指个体的幸福感相对稳定，具有跨情景的一致性，反映了个体长期的情感状态和生活满意度。整体性表明幸福感不仅仅是对某个特定生活领域的评估，而是对整个生活的综合评价。这些特性共同构成了主观幸福感的核心。

第二，主观幸福感的形成因素。主观幸福感的形成受到多种心理因素和外部因素的共同作用。心理因素包括个体的情感、兴趣、爱好等，这些因素影响着个体对生活的态度和情感体验。外部因素则涉及个体所处的环境、社会支持、经济状况等，这些因素会直接或间接地影响着个体的幸福感。每个人对幸福的标准不尽相同，因此个体的幸福感会受到个人特质和外部环境的影响而有所差异。

第三，主观幸福感对个体健康的影响。幸福感与个体健康之间存在着密切的联系。主观幸福感可以促进个体的身心健康，而且这种关系是相互影响的。幸福的个体往往更加乐观积极，他们更有可能采取健康的生活方式，如保持良好的饮食习惯、积极参与体育锻炼等。同时，幸福的个体在面对挑战和压力时更具有抵抗力，他们更能够应对生活中的各种困难，减少因压力带来的身体损伤。幸福的情绪状态还会对免疫系统产生积极的影响，提高个体的免疫功能，减少患病的风险。因此，幸福感对个体的身体健康具有重要意义。

（2）积极的人格特征

第一，潜能。潜能也称“能力倾向”，是在当前发展阶段已经显现出的一种潜在的、有助于某项活动顺利进行的可能性。潜能不会自动成为现实的能力，这种可能性必须通过学习、培训及其他手段才会变为实际能力。潜能是人类具有但是暂时被人类忘记的能力，潜能存在于人类的潜意识当中，人类的潜意识中包含很多遗传基因，如生存的本能、控制人类生存的自主神经系统功能。简单来说，就是人类过去掌握的最优质的生存信息都储存在潜意识中。因此，如果能将潜意识开发出来，那么愿望在理论上来讲都可以实现，但是潜能具有隐蔽性，因此导致潜能并没有被每个个体充分利用。

人的潜能主要包括两方面：一方面是生理潜能，是人生理方面的组织状况，尤其是人的脑部神经结构、脑部神经机能，生理潜能具有的特点是：它是人类演化过程当中对经验的积累、沉淀和浓缩，并且内化成生物基因的方式，随着人类的繁衍而遗传，在遗传的过程中不断巩固，一直延续至今。对人的潜能来讲，生理潜能是基础，人潜能素质的提升必须依赖生理潜能。另一方面是心理潜能，是人心理活动发展依赖的稳定的心理品质、内在的心理品质及深层的心理品质。心理潜能是心理活动能够开展的根本动力，心理潜能主要包括两个层次：其一，内在驱动倾向性心理素质，主要包括个体需要、个体兴趣以及个体动机；其二，内在自我调控性心理素质，主要包括激励功能、调控功能，它的作用是对潜能结构活动的状况加以影响、制约。

如果个体的心理素质健康、优良，那么个体的心理也会处于积极向上、奋发图强的状态。健康的心理素质要求心理活动发展依赖的必须是内心深处的稳定的心理品质，健康的心理素质为个体的心理活动设置了标准的强度指标、任务指标、稳定性指标及灵活性指标。在潜能结构中，个体心理素质处于心理动力倾向性层面，是潜能结构发挥创造功能的动力，推动潜能结构充分创造。

第二，乐观。积极心理学强调人最难改变的是看待事物的视角，快乐与否在大多数情况下取决于主观意识；态度不同，心情自然也不同。乐观是世上人、事、物皆快乐而自足的持久性心境。心理学中对于乐观的定义主要有乐观人格倾向和乐观解释风格两种。乐观人格倾向也经常被称作“气质性乐观”。乐观人格特质相比于其他的人格特质是比较稳定的。乐观的状态表明人们始终对未来发展抱有期待。乐观人格倾向理论指出人是连续体，在连续体的两端分别是乐观者和悲观者，乐观者始终认为未来发展是好的，悲观者认为未来发展是坏的，他们表现出了非常明显的乐观倾向或者是悲观倾向。乐观型的人格特征能够让个体产生一种良好的自我激励。

乐观属于解释风格，解释风格是个体在解释成功或者解释失败时主观上的明显倾向。通常情况下，可以把解释风格分为两种不同的类型：其一，乐观解释风格，这种风格的个体会把自己遇到的悲观事件或悲观体验，理解成是外在因素或特定因素或暂时因素的影响，这些因素没有普遍意义；其二，悲观解释风格，这种风格的个体会把自己遇到的悲观事件或体验，理解成是内在因素稳定因素及普遍因素的影响。乐观解释风格理论强调，人之所以乐观是因为它对事件产生原因的理解模式不同，每个人的认知不同会有不同的归因模式，进而表现出来的个体人格特征也不同。

乐观人格倾向与乐观解释风格的共同点是，乐观的人格特质是稳定的，它们的不同点在于对乐观的理解角度有差异，乐观人格倾向认为乐观是因为个体对未来发展抱有期望，从直接角度对乐观进行诠释。但是乐观解释风格从一个人对事件的归因模式来定义乐观，也就是从间接角度出发对乐观进行诠释。乐观是非常重要的人格特征之一，它受到归因模式的影响，对未来发生的事情有了积极期待，能够调控人的心理和身体的健康，对于心理和身体的健康发展来讲，乐观是至关重要的内部资源。乐观的作用主要有以下内容：

一是，乐观能够让个体更健康。个体的健康与否在一定程度上取决于个体的认知，个体对健康的看法不同会导致个体采取不同的行动，如果个体始终保持积极的状态，那么个体能够在很大程度上避免疾病，从这个角度来讲，乐观就像人的免疫系统将疾病阻挡在外。相比于悲观者，乐观者受到的疾病侵害更少，而且乐观者往往更加长寿。乐观还能让个体的心理发展更加健康，乐观者比悲观者有更强的适应能力，也更容易感觉到满足，所以他们不会轻易变得抑郁。例如，刚步入大学的大一学生不会面临过多的压力，也不会感觉到过多的孤独，他们能够快速融入新集体。

二是，乐观让人们获得更多的资源。乐观的人更愿意和人交往，这样他们便有可能获得更多的社会支持资源，如朋友的帮助、同事的支持、领导的赏识，从而拥有更多发展自身能力的机会。乐观的人自尊心更强，在遇到困难和打击时，他们会以积极的态度，迎接困难，会根据当前情况分析，寻求外界的帮助，采取相应的策略，最终解决困难和打击；自我改进、接纳，会积极地分析困难和打击，将自己的注意力放在爱好或兴趣，以此能让自己获得更多资源，最终突破困难。

三是，乐观可以让个体获得更多的成就。乐观的人和悲观的人之所以会有差异，是因为他们在实现目标的过程中态度不同，乐观的人对接下来发生的事情始终抱有期待。他们对完成目标更加执着、忠诚，他们一步一个脚印地慢慢完成很多小目标，然后实现最终的目标。但是，悲观的人没有较强的执着度，而且他们对目标能否实现不太确信，在完成目标的过程中总想停下来，因此这在一定程度上导致目标难以实现。

四是，乐观能够让个体得到更多的认同。在群体生活中，乐观的情绪更容易传播，人们也更容易被乐观的情绪感染。因此，乐观的人往往能够得到群体的认可，往往能够更容易成功。

乐观者具有的特征一般包括：①接纳、认可自己。乐观的人首先要对自己采取一种肯定的评价态度，能够自我认可、自我接纳。②包容他人。能够对他人采取包容的态度也是乐观者的一个特征。乐观者在与他人相处时，通常能够较多地认识到别人的优点和长处，体谅别人的情绪感受，并能乐于同他人交往，能够在与他人的交往中获取有益的知识和经验。③能够从积极的角度思考问题。乐观者常能够以辩证的态度看待周围世界和客观事物，从积极的角度思考问题，在低谷中看到转机。意志坚强的乐观者面对诸多问题，总是抱着仍有可为的态度，遭遇变故会变得更加坚强。④具有坚定的信念。乐观者对于自己认准的目标非常执着和忠诚，不会因为一两次失败动摇自己的信念。

第三，自我独立思考能力。自我独立思考能力在个体成长中扮演着至关重要的角色。这一能力的发展受到多方面因素的影响，其中包括先天条件、成长环境以及后天学习与激励。先天条件是指个体的遗传基因和生理构成，它们对自我独立思考能力的形成有着重要的影响。一些研究表明，遗传基因中与认知能力相关的基因变异可能会影响个体的思维方式和处理信息的方式，从而影响到自我独立思考的能力。例如，某些人天生更倾向于逻辑推理，另一些人则更善于直觉思考。这种天赋在一定程度上决定了个体对问题的思考方式。

而个体的成长环境则是自我独立思考能力发展中至关重要的因素之一。成长环境包括家庭、学校、社会等方面的因素。在家庭环境中，父母的教养方式、家庭氛围以及家庭成员间的交流方式，都会对个体的思维方式产生深远影响。例如，家庭鼓励孩子自主探索、提出问题、表达独立见解的氛围，有助于培养孩子的自我独立思考能力。相反，若家庭环境缺乏鼓励和支持，个体可能会倾向于依赖他人的意见和指导，而无法形成独立思考的习惯。

后天学习与激励也是塑造自我独立思考能力的重要因素。个体在学习过程中接触到的知识、经验以及面对的挑战，都会对其思维方式和解决问题的能力产生影响。例如，通过解决问题和面对挑战的经历，个体可以逐渐培养解决问题的能力和独立思考的习惯。积极的激励和正向反馈也可以激发个体的学习积极性，促进其独立思考能力的发展。然而，负面的激励和过度的压力可能会抑制个体的独立思考能力，甚至导致其对问题产生恐惧和回避。后天的社会价值观念和生活经历，也对自我独立思考能力的成长和提高有着重要影响。社会价值观念是指个体所处社会环境中普遍认可的、对行为准则和目标的认同和追求。个体在这样的价值观念影响下，会形成一定的思维方式和判断标准。如果个体在成长过程中接受的社会价值观念是鼓励自主、创新和独立思考的，那么他们很可能会形成积极的自我独立思考能力。相反，如果社会价值观念强调从众、安于现状，那么个体可能会缺乏自我独立思考的动力和能力。

第四，美德与力量的分类。积极品质研究的一个重要成果是对人类美德与力量的分类。这一分类不仅对人类积极品质有了明确的认识，也为理解不同版本的精神障碍与统计手册提供了正向补充。在这个分类中，美德与力量被分为多个维度，展示了跨文化背景中一致认同的力量与美德。首先，美德与力量的分类体现了人类积极品质的多样性和丰富性。在这一分类中，美德包括诚实、正直、勇敢、宽容、慷慨等，它们代表了人类道德和品德的高尚追求；力量包括智慧、创造力、毅力、决策力等，它们代表了个体在应对挑战和实现目标时所展现出的能力和素质。这些美德和力量构成了人类积极品质的核心，反映了人类文明的进步和发展。其次，美德与力量的分类为理解不同版本的精神障碍与统计手册提供了重要参考。在精神医学领域，人们对精神障碍的诊断和分类一直存在争议。然而，通过对美德与力量的分类，我们可以更清晰地理解积极心理学的视角。例如，在对抑郁症的研究中，除了关注病理性的消极情绪和行为外，也可以从积极品质的角度出发，探讨患者可能缺乏的美德和力量，以及如何通过培养积极品质来缓解抑郁症状。这种正向的诊断和干预方式，有助于提升精神医学的治疗效果和人文关怀。最后，美德与力量的分类，展示了跨文化背景中一致认同的力量与美德。虽然不同文化有着各自的价值观念和传统，但在美德与力量的分类中，却能够找到普遍认同的品质和能力。例如，勇敢、诚实、创造力等品质在各种文化中都被认为是积极的，是人类共同的价值追求。这种跨文化的一致性反映了人类共同的心理需求和文化共识，为跨文化交流和理解提供了重要参考。

第五，自我决定论。自我决定理论试图为人们的自我组织行为及社会行为设定一个基础。这一理论的核心是自我决定，即个体基于内在动机和个体的基本需求，自主地选择和执行行为。自我决定理论从个体的基本动机、个体的发展和个体的社会心理三个方面提出了基础的规定，并为这些规定提供了准确的经验数据。首先，自我决定理论假设个体存在基本的心理需求，包括自主性、能力和归属感。这些基本需求是个体行为和发展的内在动力，驱使个体积极地参与社会活动和自我实现的过程。例如，个体希望在行为中体现自己的意愿和价值，同时也渴望获得他人的认同和支持。这些基本需求对个体的行为选择和执行起着决定性作用。其次，自我决定理论强调个体的发展是一个持续的过程，受到环境和社会因素的影响。个体在不同的发展阶段会有不同的需求和目标，需要在社会环境的支持和鼓励下，逐步实现自我价值和自我认同。例如，青少年期的个体可能更关注自我表达和独立性的发展，而成年后则更注重职业发展和家庭生活。最后，自我决定理论认为个体的社会心理是自我决定的重要因素。个体在社会交往中，会受到他人的影响和社会环境的制约，从而影响到个体的自主性和自我表达。如果个体不能够表达自主性和能力，不能够获得他人的认可和支持，那么个体可能会受到内在动机的抑制，导致行为的消极化和发展的停滞。

第六，创造力与天才培养。创造力是人类产生新思想、发现和创造新事物的能力，是成功完成某种创造性活动所必需的心理品质。作为积极心理学的重要研究内容，创造力的培养与发展是现代社会人才培养的重要内容之一。创造力主要表现为发散思维和变通能力，因此天才往往具有极强的创造力，他们在自己擅长的领域能够表现出极强的积极主动性和创造性，而这种天生的能力和属性大多与生活和家庭环境有关。首先，创造力的培养与发展需要个体具备发散思维和变通能力。发散思维是指个体能够从多个不同的角度来看待问题，寻找到解决问题的多种途径和方法。而变通能力则是指个体能够灵活地运用各种知识和技能，解决现实生活中的复杂问题。这些能力的培养需要个体具备广泛的知识和经验，以及自主学习和探索的精神。其次，创造力的培养与发展与个体的天赋和环境因素密切相关。天才往往具有天生的创造力和积极主动性，他们在特定领域内表现出非凡的才华和创造力。这种天赋往往与个体的遗传基因和生理构成有关，但同时也受到环境因素的影响。例如，家庭和学校的教育方式、社会文化氛围等都会对个体的创造力产生重要影响。如果个体所处的环境能够激发其创造力和积极性，提供充分的学习和发展机会，那么他们很可能会成为具有创造力的人才。

（二）积极心理学视角下心理健康教育的重要性

心理健康教育在当今社会备受重视，特别是在积极心理学的框架下，其重要性更加凸显。下面从积极心理学的视角出发，探讨心理健康教育的重要性，并分析其在促进个体心理健康、提升生活质量以及社会发展方面的作用。

第一，心理健康教育在积极心理学视角下，对于个体心理健康的促进具有不可低估的作用。积极心理学强调个体的优点、能力和潜力，鼓励人们关注个体的心理健康状况，并提倡积极的心态和行为。通过心理健康教育，个体可以学习有效地应对压力和挑战的方法，增强自我意识和情绪调节能力，提升自尊、自信和自我效能感，从而更好地适应生活的各种变化和挑战，保持心理健康。例如，通过心理健康教育，个体可以学会如何应对挫折和失败，从而降低焦虑和抑郁的发生率，提升心理韧性和抗挫能力。

第二，心理健康教育对于提升生活质量具有积极的影响。生活质量不仅仅是物质条件的好坏，更重要的是个体主观感受到的生活满意度和幸福感。通过心理健康教育，个体可以了解到如何培养积极的情绪和态度，以及如何建立良好的人际关系和社会支持系统，这些都是提升生活质量的重要因素。心理健康教育还可以帮助个体树立正确的生活目标和价值观，促使其追求有意义和充实的生活，从而提升生活的满意度和幸福感。例如，通过心理健康教育，个体可以学会如何培养感恩之心，从而更加珍惜生活中的美好，并且更加积极地应对生活中的挑战。

第三，心理健康教育还对社会发展具有积极意义。一个心理健康的社会，不仅可以提高劳动生产率，促进经济发展，还可以减少社会矛盾和冲突，促进社会和谐稳定。心理健康教育可以培养出更多积极向上的公民，他们具有更强的社会责任感和公民意识，能够更好地融入社会，为社会发展做出积极贡献。心理健康教育还可以降低社会成本，减少由心理健康问题导致的医疗费用和社会治安成本，从而为社会提供更多的资源用于其他领域的发展。例如，通过心理健康教育，可以提高人们对心理健康问题的认知，减少心理健康问题的发生率，从而降低医疗费用和社会治安成本。

（三）积极心理学视角下心理健康教育的实施策略

积极心理学这一视角的引入，可以推动大学生积极健康心理状态的培养以及全面发展。在具体工作开展过程中需要高校完善教师队伍培训机制，更新高校大学生心理健康教师观念，完善高校大学生心理健康教育中心，丰富大学生心理健康教育资源，深化高校大学生对于积极心理学知识的了解和运用，促进高校大学生心理健康教育部门与其他部门组织间的交流以及配合程度，推动高校大学生良好心态的培养以及心理健康水平的提升。

1. 革新积极心理学视角下心理健康教育理念

从积极心理学的角度来看，大学生心理健康教育是一项需要认真思考和全面考虑的工作，这不仅仅涉及教育目标的设定，还包括教学理念的更新和教学方式的优化。

（1）为了有效地开展大学生心理健康教育工作，教师需要设定明确且实际可行的目标。这些目标应该是以积极心理学为指导，旨在提高学生的心理健康水平和心理素质。在设定目标的过程中，需要科学划分不同教职人员的职责，这样可以确保每个人都清楚自己需要做什么，从而提高教育工作的执行力度。

例如，心理学专业课程教师可以负责开展课程教学，而心理健康教育工作人员则可以负责开展心理健康宣传和咨询服务。只有通过明确的目标和职责划分，才能更好地推动大学生心理健康教育目标的实现。

（2）为了更好地开展心理健康教育工作，高校心理健康教育工作者和心理学教育专业课程教师需要不断优化和更新教育理念。积极心理学提倡关注人的优点和潜力，强调积极心态对心理健康的重要性。教育工作者应该努力将积极心理学理念融入教育工作中，以激发学生的积极情绪和行为。为了增进教师对积极心理学的理解，高校可以组织积极心理学相关专家讲座、学术交流会等活动，让教师们能够更深入地了解和掌握积极心理学理论和方法。只有不断优化和更新教育理念，才能更好地引导学生培养积极的心态和行为习惯，从而提高其心理健康水平。

（3）为了更好地促进大学生心理健康，心理学专业课程教师和心理健康教育工作者还需要进一步优化教学方式。针对学生的个体差异，采取多样化的教学方法是至关重要的。例如，可以结合高校现有的心理健康教育资源，开展心理健康讲座、心理健康测评、心理咨询等活动，以满足不同学生的需求；通过开展心理健康教育活动，提高学生对心理学知识的掌握程度，增强他们的心理应对能力和自我调节能力。通过这些努力，可以进一步推动大学生心理健康水平的提升，为他们的全面发展和健康成长提供更好的支持。

2. 构建积极心理学视角下心理健康教师队伍

在这方面，高校大学生心理健康教育的有效开展至关重要。教师队伍的素质和能力直接关系到学生心理健康教育的质量和效果。下面从加强教师培训机制、优化教师交流沟通机制和加强教师队伍管理机制三个方面，探讨如何构建积极心理学视角下的心理健康教师队伍。

（1）加强心理健康教育教师队伍培训机制建设至关重要。心理健康教育教师需要不断提升自身的专业素养和教育引导能力。定期进行专业培训是必不可少的。培训内容应包括心理学专业前沿的教育理念和心理引导方式。教师可以通过学习最新的研究成果和理论，提升自身对学生心理健康问题的理解和把握能力。教师还应该了解积极心理学的相关知识，掌握积极心理学的理论和方法，从而更好地引导学生积极应对心理压力，提升心理韧性和自我调节能力。通过加强教师的培训，可以有效促进高校大学生心理健康问题的解决，提高学生心理健康水平。

（2）高校应优化大学生心理健康教育教师的交流沟通机制。教师之间的交流与合作可以促进教育教学工作的提升。高校可以组织心理学专业课程教师定期开展教学研讨会，这有助于教师们了解学科前沿的发展动态，探讨心理健康教育的新理念和新方法。教师们还可以分享自己的教学经验和心得体会，共同探讨解决心理健康教育中的难题和困惑。这样的交流机制有利于教师们不断提升自身的教学水平，为学生提供更加优质的心理健康教育服务。

（3）加强高校心理健康教育咨询教师队伍管理机制的建设。心理健康教育咨询教师承担着重要的工作，他们直接参与学生的心理健康教育和心理咨询工作。因此，对这一队伍的管理必须严格规范。首先，高校应该鼓励教师运用积极心理学相关知识，引导学生树立积极的心态，培养良好的心理健康素养。其次，高校在心理学专业课程教学中，要对教师的表现进行综合评价，激励其积极参与教学实践和科研工作。同时，还要对教师在心理健康教育过程中的咨询与引导进行进一步规范，确保教师的工作符合专业标准，能够真正提高学生的心理健康水平。

3. 优化积极心理学视角下心理健康教育中心

在优化积极心理学视角下的心理健康教育中心方面，高校大学生心理咨询过程的优化与学生心理状态的提升将受益于良好的环境，有助于促进高校各项心理健康教育工作的有效实施。下面从增加专业人员数量、加强心理危机干预机制建设，以及充分利用心理健康教育资源三个方面，探讨如何优化积极心理学视角下的心理健康教育中心。

（1）高校应进一步增加心理学专业课程教师和大学生心理健康教育工作人员的数量，为积极心理学视角下的心理健康教育工作打下人才基础。专业人员的数量和素质直接关系到心理健康教育工作的质量和效果。增加心理学专业课程教师的数量，可以提高心理学课程的覆盖率和深度，为学生提供更为系统和专业的心理健康教育。增加大学生心理健康教育工作人员的数量，如心理咨询师和心理健康教育辅导员，可以更好地满足学生的心理咨询和辅导需求，为学生提供更加全面和个性化的服务。

（2）高校应加强心理健康教育中心的心理危机干预机制建设，以适应不同心理健康需求的学生。心理健康教育中心的功能分区是重要的设计原则之一。根据积极心理学视角下大学生心理健康教育的不同需求，应划分出相应的区域，如心理咨询区、心理健康教育区、心理危机干预区等。每个区域都应有专门的工作人员和设施，为学生提供针对性的心理健康服务。心理健康教育中心还应根据不同的心理健康问题，制定相应的教学方案和干预措施，以提升积极心理学的运用效果。

（3）充分利用现有的心理健康教育资源是优化心理健康教育中心的关键。高校已有的心理健康教育资源，包括心理咨询服务、心理健康教育课程、心理健康促进活动等。这些资源应该得到充分挖掘和利用，以丰富心理健康教育中心的服务形式和内容。例如，可以开展心理健康教育讲座、心理健康主题活动、心理健康课程等，提高学生对心理健康的认识和理解；加强与学生组织、社团以及其他相关部门的合作，共同开展心理健康教育活动，形成良好的合力。

4. 注重积极心理学视角下心理健康教育配合

在注重积极心理学视角下的心理健康教育配合方面，高校大学生心理健康教育工作需要各方的共同努力，包括心理学专业和心理健康教育工作人员的配合，以及专业课程教师的关注和支持。下面从发挥图书馆作用、提升社团活动中的心理学知识运用程度和加强不同专业课程教师的角色三个方面，探讨如何注重积极心理学视角下的心理健康教育配合。

（1）高校应促进图书馆心理健康教育书籍的作用，将积极心理学视角下的心理健康教育与图书馆阅读活动有机结合，以提升大学生对心理学知识的理解和应用能力。图书馆作为学校的知识资源中心，拥有丰富的心理健康教育书籍和资料。通过组织相关阅读活动，如心理健康读书会、心理健康知识分享会等，可以鼓励学生积极阅读心理健康教育类书籍，加深对积极心理学理论的理解，培养积极健康的心态。

（2）高校应提升大学生社团活动对心理学知识的运用程度。社团活动是学生自主参与的重要平台，通过社团活动可以有效促进学生的全面发展。高校大学生社团负责人可以组织与积极心理学知识相关的社团活动，如心理健康讲座、心理调适训练等。在活动设计和方案讨论过程中，应充分听取学生的意见和建议，了解他们在学习和生活中遇到的心理健康问题和困惑。心理健康教育工作人员和心理健康教育教师也应积极参与社团活动，并给予学生建设性的心理健康指导和支持，共同推动心理健康教育工作的顺利开展。

（3）不同专业课程教师也应加强对积极心理学相关知识的了解与运用。除了心理学专业课程教师外，其他专业的教师也应关注学生的心理健康状况，积极引导学生保持积极健康的心态。在传授专业知识的同时，教师可以融入心理健康教育的内容，如在课堂上讨论压力管理、情绪调节等问题，引导学生树立正确的心理健康观念，培养良好的心理健康素养。教师还可以在课程设计中增加与积极心理学相关的案例分析和讨论，帮助学生理解积极心理学理论，并将其运用到实际生活中。

三、心理健康教育的重要性分析

心理健康教育对于大学生的重要性日益凸显。人的心理是一门复杂而奇妙的科学，其研究对象涉及人类心理现象和行为规律。在现代社会，心理健康问题成为人们关注的焦点，而大学生阶段是一个特别需要关注心理健康的时期。下面通过探讨心理健康教育的必要性、教育内容以及实施方式，深入剖析其对大学生全面发展的积极影响。

第一，随着社会的快速发展和竞争的加剧，大学生面临着各种心理压力。生活节奏加快、人际关系复杂、学业压力增加等因素都可能对大学生的心理造成负面影响。例如，新生活环境的适应、专业选择、人际关系处理等都可能引发心理问题。在这种背景下，大学生心理健康教育就显得尤为重要。它不仅有助于学生认识和应对心理问题，还能帮助他们建立积极的心态，提高心理素质，更好地适应社会的挑战。

第二，大学生心理健康教育应该注重培养学生的积极心理品质。传统的心理健康教育往往侧重于问题的解决，而忽视了积极心理品质的培养。然而，积极心理学的出现为心理健康教育提供了新的视角。积极心理学关注个体的优点、潜能和幸福感，倡导用积极的心态去看待人生。因此，大学生心理健康教育应该通过多种形式培养学生的积极心理品质，如举办心理健康知识竞赛、心理成长故事大赛等活动，激发学生的学习热情，提高他们对心理健康问题的重视。

第三，大学生心理健康教育的内容应该丰富多样。除了传统的心理健康知识外，还应该涉及幸福感、生活态度、人际关系等方面。教师可以引导学生思考如何保持乐观的态度、如何处理人际关系等问题，从而提升学生的生活质量。教师还可以通过心理电影赏析等形式，引导学生深入思考心理现象，从而更好地理解自己的内心世界。

第四，大学生心理健康教育的实施需要全校各方的积极参与。除了心理学专业的教师外，其他学科的教师也应该关注学生的心理健康问题。学校可以成立心理健康教育委员会，制定相关政策和方案，加强心理健康教育的力度。学校还可以建立心理咨询中心，为学生提供心理咨询和辅导服务，及时解决他们的心理问题。

第二节　心理健康教育内容与团体辅导

一、心理健康教育的内容体系

（一）自我意识教育

1. 自我意识的形成

自我意识的形成是人类心理发展中的一个重要方面，它并非与生俱来，而是在个体后天与社会环境以及他人互动的过程中逐渐形成的。大学生作为一个特定群体，在自我意识形成过程中具有其特殊性。通过他人的反馈、反射性的评价、自身行为的判断以及社会的比较，大学生逐步形成对自己的认知，这对他们的个人成长和社会适应至关重要。

（1）他人的反馈。在大学环境中，学生常常会收到教师、同学以及其他社会成员的反馈。这种反馈可以是直接的言语指导，也可以是非语言的暗示和行为反应。例如，当教师指出一个学生在学习上不够主动、不够勤奋时，学生会意识到自己的不足之处，进而调整自己的学习态度和行为方式。当多个人对同一点给出相似的评价时，学生会更加相信这种评价，从而加深对自己的认知。

（2）反射性的评价。即使在与自己关系不密切的人眼中，大学生仍然可以通过对方的态度和反应来反思自己。根据“镜中我”理论，个体认为自己的感知与别人对自己的感知是相似的。因此，大学生常常会以别人对自己的看法作为反思自己的依据。当他人的行为与态度与自己的期望相去甚远时，大学生可能会反思自己的行为和形象，进而调整自己的行为方式。

（3）大学生的自我认知。根据自我知觉理论，当个体对自己的内部线索模糊或微弱时，会通过外在行为来推断自己。例如，当大学生积极参与公益活动时，他们会认为自己是一个有社会责任感的人，从而加强了对自己的认知。然而，需要注意的是，大多数情况下，个体对自己的认知主要基于内部线索，如情绪、想法等，而不是外在行为。因此，在认识自我时，内部线索比外在行为更为准确。

（4）社会比较。由于大学生处于一个充满竞争和比较的环境中，他们往往会将他人作为自我认知的标准。在这个过程中，社会比较不仅可以促使大学生对自己有更全面的认识，还可以提供重要的标尺，帮助他们确定自己的目标、价值观念等。然而，需要注意的是，社会比较也并非都是积极的。它可以分为上行、下行和平行三种比较，而个体采取的比较策略取决于其不同的目的和动机。例如，当大学生通过与他人比较来获得自我优化时，这种社会比较就是积极的；但当比较导致焦虑、自卑等消极情绪时，这种比较就会对大学生产生负面影响。

2. 自我意识的发展

自我意识的发展是人类心智成长中的重要组成部分，其培养需要在社会的引导下对主体进行自我意识教育，这是大学生完善个性、实现自身价值的重要途径，也是自我意识的最高表现。形成自我意识的基础在于全面认识自我。具备正确、全面自我认识的个体能够准确、客观地评价自己，建立恰当的人生目标并为之努力奋斗。因此，大学生应拓宽生活学习和交往的范围，积极参与各类校内活动和社会实践，以找到多种参考系，全方位、多角度地认识自我，实现不卑不亢、不骄不躁、不屈不挠的自我发展，充分发挥自身优势和智慧，通过努力实现人生价值。促进大学生自我意识的发展应从以下方面着手：

（1）以积极的态度认可自我。大学生的自尊心理来自以积极的态度认可自我，自卑心理则来自以消极的态度拒绝自我。自卑者通常都会片面地看待自身缺点并夸大缺点，甚至全盘否定自我的存在价值，这为形成正确的自我意识造成了巨大障碍。对自我的积极认可具体可以表现为以下方面：

第一，自我评价积极而准确。积极、准确的自我评价是自尊心产生的关键。任何人身上都同时存在优点和缺点，要充分发挥优点，对待缺点也不要灰心。通常情况下，人的缺点分为两种：一种是习惯、性格等方面的，如缺乏毅力等，这是可以改变的；另一种是生理、缺陷方面的，这是很难改变的。无论是可以改变的还是很难改变的，都要勇敢面对，特别是，如果存在一些生理上的缺陷，那么就更应该从内在入手，通过提高修养和学问来培养内在美。

第二，正确对待挫折和失败。在人的成长过程中，失败在所难免。大学生是受过高等教育的群体，应该做到正确对待生活和学习中的挫折与失败，不断总结经验教训，快速走出困境，努力提升个人能力，通过奋斗实现人生理想。

（2）努力进行自我发展完善。在自我完善的进程中，正确树立理想自我的重要性不言而喻。

第一，正确树立理想自我的基础是自我认知和认可。这意味着个体必须对自己有清晰的认识，包括自己的优点、劣势、兴趣爱好等方面。同时，对自我的认可也是至关重要的，它意味着接受自己的本性和能力，并愿意为实现理想自我的目标而努力。此外，个体还应当根据自身特点和社会需求来确立发展目标。对于大学生而言，树立正确的理想自我不仅意味着要明确自己的职业、学术或个人发展目标，更重要的是要树立正确的世界观、人生观和价值观。这需要通过积极的探索和经历来理解人生，并从个体与社会的互动中认识到人生的意义，从而努力完善自我。

第二，认真进行自我探究是实现自我完善的关键。只有通过认真地自我探究，个体才能够实现自我统一。自我统一是指“主体我”和“客体我”的统一，也是自我认识、体验和调控的统一。在大学生追求自我统一的过程中，首先需要正确地分析理想自我，对理想的可行性进行客观判断。这意味着大学生需要审慎地评估自己的能力和条件，确保理想自我的设定是合理的、可实现的。其次，大学生需要将理想自我与现实自我进行对照。这包括对比自己当前的状态与理想状态之间的差距，找出存在的不足和需要改进的方面。最后，大学生需要制订有针对性的计划，以解决理想与现实之间的矛盾，从而逐步实现自我统一。这可能涉及制定长期和短期的目标，选择适当的学习和成长路径，以及培养必要的能力和品质，从而不断向着理想自我的方向努力。

3. 自我意识的类型

（1）知、情、意方面的自我意识

第一，大学生“知”的自我意识是对自身认知的体现。自我认知的核心在于主观意识对自身客观情况的评价。这种评价包括对自我观察、自我分析、自我感觉、自我印象和自我评价的处理。大学生在这一阶段常困扰于对自我本质的认知，常问自己“我是一个怎样的人”。然而，这种自我认知常受到个体对完美的追求，以及现实情况之间的差异所困扰。由于对自身要求较高，故大学生们往往对自己某些方面不满意。

第二，大学生“情”的自我意识主要体现在对自我现状的情绪体验上。自我体验是自我认知的延伸，是对自身情感状态的主观体验。责任感、荣誉感、优越感和羞耻感等情感因素在其中扮演着重要角色。然而，以往的大学生教育未能重视学生的自我体验。实际上，个体的健康成长离不开自我体验的积极引导。自我体验的形成受自我认知的影响，但也能加强自我认知，进一步塑造个体的自我意识。与理性思维相比，通过体验获得的自我体验往往更为深刻。

第三，大学生“意”的自我意识则体现在自我控制上。自我控制是通过控制自身思想、语言和行为来实现既定目标的能力。自我控制的核心问题在于对自我行为的管理和规划。这种管理和规划不仅仅是一种单纯的行为，更是一种心智上的力量。心理学研究表明，自制力与大脑额叶的发展密切相关，而自制力的培养则受自我认知和自我体验的影响。因此，大学生通过改变自我认知、选择适当的认知策略、积极主动地发挥个体的主观能动性，以及提升认知能力等方式来加强自我控制，实现自我规划。

自我意识的核心在于自我控制，大学生需要不断培养自身的“知”和“行”以实现自我控制。这种培养不是一蹴而就的，需要时间和努力。有些大学生思维活跃，但行动力欠缺，只有通过加强自我控制，才能实现知行合一。

（2）心理、生理与社会自我意识。

第一，心理自我是个体对自己心理品质、性格特点和心理活动的认知、感受和预期的体现。这包括对思维、记忆、智力、感知、气质、性格和爱好等方面的认知与体验。随着个体的成长和发展，个人的智力、情感、兴趣和能力也会随之变化或提高，从而使得个体逐渐能够适当地评价自己的心理自我以及体验心理自我。在这个过程中，社会角色也会随着个体的成长和发展而逐渐产生，并逐渐合成为主要内容，出现对社会的义务感、责任感，并逐渐增长。

第二，生理自我则是通过个体与其他人沟通交流的过程中渐渐学习和形成的。个体通过生理自我将自己和他人区分开来。生理自我包括个体的身体和容貌、身高、体重等生理状态的认知和体验。虽然生理自我是个体天生的，但个体对生理自我的认识会随着成长和发展而形成正确和清晰的认识，人生不同阶段对生理自我的关注度会有所不同。以青春期为例，很多学生更加关注生理自我。男同学可能更关注身高、体型或声音等，而女同学则可能更关注身材、皮肤和相貌等。这是因为青春期的不确定性，使得青年通常更加关注自身的生理自我。

第三，社会自我是个体处理自己与外界客观事物之间关系的认知、感受和预期的体现。具体包括个体对自身所处的不同客观环境和不同社会关系中的角色、义务、权利、地位等的认知。心理自我、生理自我和社会自我之间存在着紧密的关系，三者相互影响，又涉及不同的自我控制、自我体验和自我认知。每个个体这三者的比例和地位不同，导致个体间的自我意识有着大大小小的差异，这塑造了每个人对人、对事物有不同的看法和感受。

心理自我、生理自我和社会自我的关系紧密且相互影响。首先，心理自我与生理自我的相互作用，使得个体在面对不同的心理状态时，会有相应的生理反应。例如，当个体感到紧张或焦虑时，会导致生理上的不适感，如心跳加快、出汗等。其次，社会自我对心理自我和生理自我也有一定的影响。个体在不同的社会角色和环境中，会形成不同的心理自我和生理自我。例如，在不同的社会群体中，个体的自我认知和自我评价会有所不同，从而影响到个体的心理自我。在工作环境中，个体可能会面临不同的压力和挑战，从而影响到个体的生理自我。最后，心理自我、生理自我和社会自我相互作用，共同塑造了个体的整体自我意识。个体对自己的心理、生理和社会自我有着不同程度的认知、感受和预期，这决定了个体对自身及周围环境的认知、态度和行为。

4. 自我意识的功能

自我意识是人类心理活动中至关重要的一个方面，它在决定个体行为的持续性与目标性、对经验的解释以及个体对未来的期待方面起着关键作用。下面从这三个方面探讨自我意识的功能：

（1）在决定个体行为的持续性与目标性方面，自我意识扮演着重要角色。人是社会性动物，个体的行为往往受到各种社会因素的影响。然而，个体又具有独立的思想和性格，自我意识使个体能够在行为中保持一定的独立性和目标性。例如，积极自我意识的学生往往有更高的学习动机和投入，因此其学习成绩也更好。这是因为他们对自己的认知更积极，对学习有着更高的期待，因此会采取更积极的学习策略。相反，消极自我意识的学生可能会因为对自己的负面评价而放弃努力，导致学习成绩下降。因此，个体如何看待和理解自己对其行为方式具有重要影响。

（2）自我意识影响个体对经验的解释。同样的经历在不同的个体眼中可能会得出截然不同的解释，这是因为个体的自我意识不同。例如，对于一个自我认知能力一般的学生来说，取得良好的成绩可能会被解释为巨大的成功，从而带来强烈的成就感和满足感；对于一个自认为学习能力非常优秀的学生来说，同样的成绩可能会被视为失败，从而引发强烈的挫折感。因此，自我意识的积极性与消极性直接影响着个体对经验的解释和情绪反应。消极自我意识的个体往往倾向于将经验解释为消极的，而积极自我意识的个体则更可能将经验解释为积极的。

（3）自我意识还影响着个体对未来的期待水平。“个体对自己的期望是在自我意识的基础上发展起来的，并与自我意识是相一致的，其后继的行为也取决于自我意识的性质”[①]。因此，积极自我意识的个体往往会有更高的期望，相信自己能够取得成功，从而更有动力去追求目标。相反，消极自我意识的个体往往会对未来持悲观态度，对自己的能力和前景缺乏信心，因此可能会放弃追求目标或采取消极的行为方式。

---

① 赵菊，李燕．大学生心理健康教育［M］．武汉：武汉大学出版社，2017：36.

（二）适应心理教育

1. 适应心理教育的内容

适应是一个反映个体与其环境的相互作用情况，反映个体在环境中能否有效发挥其身心机能，从而有健全的个人生活的概念。从心理学的角度讲，适应是一个与人的需要与满足相联系的心理过程，是个人通过不断做出身心调整，在现实生活环境中维持一种良好的有效生存状态的过程。适应原本是生物学的一个基本概念，它指所有活着的有机体都要随着它们环境中的某些条件改变而改变其活动。生物的机体需要必须通过其与外界条件相适应的行为来加以满足。适应是事物发展的基本条件，一旦持续地失去与周围世界适应的能力，机体就会被淘汰。有机体的需要应与环境中的某些条件协调，从而促进其自身发展。一旦产生某种程度的不适应，它的生存便要受到一定的影响和危害。

人类的发展之所以拥有这么长的历史，正是因为拥有不断发展的大脑和智慧，使人类社会与客观自然之间产生辩证统一的关系，在适应中发展，在发展中适应。作为一名新入学的大学生，不仅要适应所在大学的气候、地理环境，适应父母不在身边的生活环境，还要适应周围不同性格同学的人际环境，更要适应不同于高中的学习环境。适应性在很大程度上代表着一个人心理健康的程度。从心理学的角度而言，适应包含以下步骤：一种需要的存在；阻止这种需要得到满足的阻挠存在；个人提供的一个又一个克服这些阻挠的各种各样的行为反应方式；最后有一种反应导致了减轻紧张即解决问题的结果。

适应的根本问题就是心理适应，心理适应先要有对环境的认知和对自身的客观分析。有些人不论身处怎样的环境下都感觉不适，并一味地抱怨环境，从而产生对生活的消极态度，甚至形成不健康的人格；但是，有些人身处逆境，仍然能与命运抗争，最后达到自我的实现，而且为社会做出了自己的贡献，这样的事例屡见不鲜。可见，适应心理对人们的自我发展有极其重要的作用。“大学生适应是心理健康的标准之一。要提高大学生心理健康水平，就必须引导大学生适应大学生活”①。就大学生的适应心理而言，虽然个体之间存在着差别，但一般而言主要包括以下方面：

（1）生活适应心理。现在越来越多的学校招生不再局限于省内，往往是面向全国。一些大学生离开已经熟悉了的地方，跨越地域来到一块陌生的地方，面对新的生活，心理需要更多的适应。越是那些与原来生活习惯差别较大的学生，加上自身适应力、性格以及常用的适应方式等因素的影响，越是容易表现

① 张冬梅，谷丹. 大学生心理健康教育 [M]. 北京：北京邮电大学出版社，2018：63.

出适应不良。

（2）环境适应心理。从大学生心理学范畴来讲，环境适应一般包括三个层面，即生物学意义上、心理上以及对社会生活环境的适应。生物学意义上的适应主要是指人们身体器官对味、光以及声等因素的适应，因此也可以称为“生理适应”；心理上的适应一般是人们在经历挫折、困难情况时，借助心理防御机制对自身进行调节的过程，是人们对环境适应的一种狭义定义；社会生活环境的适应主要是人们为满足自身生存需要而进行的行为适应和环境适应过程，能够使个人得到更好发展。大学生入学后或多或少地面临环境上的适应问题。

（3）学习适应心理。进入大学，大学生不得不面临学习上的适应问题，已经适应了原来的学习环境，面对新的环境难免会有不适应。首先，从学习目标来看，许多学生已经习惯于高中时期在外部条件的严格控制下所制定的具体目标，而不能马上适应这种由内在因素控制的，为长远目标而进行的自我控制的学习。其次，从学习内容来讲，想要获得毕业证和学位证，必须获得一定的学分，这就要求学生对自己的学业心中有数，自己制订好学习计划；进入大学同时也是在为进入社会做准备，所以应当根据个人的理想，多阅读一些对走向社会有用的书籍。最后，从学习方法上讲，大学是以自己主动学为主，教师指导为辅的学习，这是一个大学生主动学习、主动探索的阶段，而不是被动地等待教师的安排和督促。

（4）工作适应心理。有不少同学进入大学后发现，大学确实是一个更宽阔的大舞台，可以在舞台上尽情发挥。大学里有多种多样的活动可以参加，大学里有各种各样的学生组织可以参加，甚至自己创建一个学生社团组织。于是，好多同学积极参与了多种活动，挑战了不少工作任务。其间，一些同学适应良好，在锻炼中不断学习、成长，学到了好多书本上学不到的东西；而也有部分同学，在一些问题上不能够适应，从而产生了一些消极情绪。例如，一些同学不能处理好工作和学业之间的关系，导致成绩不及格；一些同学不能够很好地组织工作，调动同学们的积极性，对自己的工作能力感到怀疑。大学生如果认真总结经验教训，积极改正，一定会有所收获。在工作过程中，怎样赢得领导的支持，怎样同合作者交流，怎样安排工作的每个细节等，这都会为日后工作奠定良好的基础。

（5）人际适应心理。人际上的适应心理也许是大学生中存在问题最多的一个方面。人是社会中的人，人际关系的适应是适应的一个主要方面。有了良好的适应，人才有了支持的力量，才有了安全感和归属感，才能愉悦地做其他事情。建立良好的人际关系，首先要对其有正确的认识；其次应注意和人交往的技巧。与人交往应当真诚、主动，友情是难得而宝贵的，应当珍视这份情感，应当主动去关心别人。人际交往要心理相容，人与人之间毕竟是不同的，多学习别人的优点，包容别人的缺点，就会得到很多朋友。

2. 学习适应心理的策略

（1）认知策略。认知策略是学习者加工信息的一些方法和技术，有助于有效地从记忆中提取信息。其基本功能有两个方面：一是对信息进行有效的加工与整理；二是按照类别对信息进行储存。常用的认知策略如下：

第一，复述策略。复述是指在工作记忆中为了保持信息而对信息进行多次重复的过程。在学习中，复述是一种主要的记忆手段，许多新信息，如人名、外语单词等，只有经过多次复述后，才能在短时间内记住并长期保持。常用的复述策略主要包括以下方面：

一是在复述的时间上，采用及时复习、分散复习。因为遗忘随时都在发生，必须多次重复才能有好的记忆效果。

二是在复述的次数上，采取适度的过度学习。过度学习是指在学习某一材料时，在达到勉强可以回忆的地步以后，再继续学习一定的时间。过度学习不是毫无限度地超度学习，一般认为，在一定范围内，过度学习是必须的，但不能超过一定限度。通常，学习程度以 150% 为佳，即过度学习 50%，效益最佳。例如一段文字，反复读 8 遍后勉强可以背下来，接着再读 4 遍，这时的记忆效果比较好。

三是在复述的方法上，运用多种感官协同记忆。运用多种感官协同记忆，如边听边看、边读边写、边听边做等，可在大脑中留下多方面的回忆线索，从而提高记忆效果。人们的学习 1% 通过味觉，1.5% 通过触觉，3.5% 通过嗅觉，11% 通过听觉，83% 通过视觉，而且人们一般可记住自己阅读的 10%，自身听到的 20%，看到的 30%，看到的和听到的 50%，交谈时所说的 70%。这说明多种感官参与，能有效提高记忆效果。

第二，精加工策略。精加工策略是指把新信息与头脑中的旧信息联系起来，从而增加新信息的意义，促进新信息的理解和记忆的深层加工策略。与复述策略相比，精加工策略是一种更高水平的、更精细的信息加工策略，其要旨在于建立信息间的联系。

学习者对材料加工得越细致、越深入，对知识的掌握就越牢固。是否使用精加工策略是成功学习者与非成功学习者的重要区别。成功的大学生常常使用精加工策略，而且频率很高，而不成功的大学生常常使用复述策略。常用的精加工策略具体如下：

一是联想法。联想法包括形象联想法、谐音联想法、关键词联想法等。例如，记忆“计算器—书”这一组词，可以想象成“计算器印在书的封面上”。想象越奇特，加工得就越深入、越细致，记忆得就越牢固。有一种用想象来加深记忆的方法，就是编一个故事，将所有要记忆的信息联系在一起。

二是提要法。这是一种去粗取精、删繁就简、提炼关键信息的方法，包括画线法和笔记法。

三是提问和回答问题。提问和回答问题是一种促进学生学习的有效策略。在提问和回答问题的过程中，学生必须停下来评估自己对所学内容的掌握情况。

四是生成性学习。生成性学习就是要求学生对学习材料重新进行加工，产生新的理解，将其变成自己的东西。

（2）元认知策略。元认知是指个体对自身认知过程的认知，它包括对自己认知过程的了解和控制策略。在学习过程中，元认知策略扮演着至关重要的角色，它们有助于学习者有效地规划、监视和调节其认知活动，从而提高学习效果。下面从计划策略、监视策略和调节策略三个方面对元认知策略进行探讨。

第一，计划策略在学习活动中具有重要作用。计划策略是指在学习之前根据特定的学习目标制订计划，预测结果，选择策略，并预计其有效性。这一策略包括了设定学习目标、预测待解决的问题以及分析完成学习任务的方法。通过计划策略，学习者可以在开始学习之前有意识地规划学习过程，为自己的学习设定明确的方向和目标。例如，一个学生在准备一场考试时可以先确定要学习的范围，然后安排好学习时间，并制订学习计划，明确每天要完成的任务，以达到最终的考试目标。这样的计划可以帮助学习者有条不紊地进行学习，提高学习的效率和质量。

第二，监视策略在认知活动进行过程中发挥着重要作用。监视策略是指在认知活动进行的过程中，根据认知目标及时评价、反馈认知活动的结果，正确估计自身达到认知目标的程度，并根据有效性标准评价各种认知行为和策略的效果。这包括了阅读时对注意进行跟踪、对材料进行自我提问、考试时监视自己的答题速度等。监视策略使学习者能够不断地检查和评估自己的认知活动，及时发现问题并进行调整。例如，在阅读一篇文章时，学习者可以使用提问技巧来激发自己的思考，确保自己理解了文章的内容；在考试时，学习者可以时刻关注自己的答题速度，以确保在规定的时间内完成所有题目。通过监视策略，学习者能够更加全面地了解自己的学习情况，从而及时调整学习策略，提高学习效果。

第三，调节策略在认知活动中也具有重要作用。调节策略是指根据对认知活动结果的检查，采取相应的补救措施，根据对认知策略效果的检查，及时修正、调整认知策略。调节策略与监视策略密切相关，它包括了学习者在意识到自己理解困难时进行重新阅读、在考试时跳过难题先做简单题目等行为。调节策略使学习者能够根据自己的学习情况及时调整学习方法，提高学习效率。例如，当一个学生在做题时发现自己对某个概念理解不深，他可以暂时放下这道题，先去复习相关知识点，以提高对问题的理解。这样的调节策略可以帮助学习者更好地应对学习中的困难，提高学习效果。

（3）资源管理策略。资源管理策略在学习适应心理提升中扮演着至关重要的角色。下面依次讨论时间管理策略、学习环境管理策略以及努力管理与社会资源利用策略。

第一，时间管理策略。时间管理策略是学习适应心理提升的核心之一。它要求个体首先明晰需求，根据需求的重要性进行排序，然后合理地分配时间和资源。

一是统筹安排时间。大学生在时间管理中应首先考虑的是对任务的优先级划分。这需要他们明确区分出哪些任务是必须完成的、哪些是可做可不做的，以及哪些是不紧急但重要的。这个过程中，执行学习计划时需避免拖延。心理学上的自我调节理论认为，拖延行为与情绪调节和任务管理有密切关系，因此，采取积极主动的态度对于避免拖延至关重要。

二是高效利用最佳学习时间。在时间管理中，大学生应充分利用一周内、一天内学习效率的变化。心理学上的认知优化理论指出，人的认知能力并不是一成不变的，而是随着时间和精力的消耗而逐渐下降。因此，将最佳学习时间用于最需要的课程或任务上，是提高学习效率的关键。

三是灵活利用碎片时间。碎片时间虽然不具备高效学习的条件，但也不应被浪费。大学生可以在这些时间里处理一些学习上的杂事，或者进行一些简单的知识拓展，这符合心理学上的间断学习理论，即小段时间的学习能够积累成长。

第二，学习环境管理策略。学习环境管理策略着眼于如何通过调整环境来提高学习效果，其中包括自然条件和学习空间的管理。

一是调节自然条件。保持良好的自然条件对于学习至关重要。例如，空气流通、适宜的温度、明亮的光线和协调的色彩，都能够提高学习者的学习积极性和效率。心理学上的环境心理学理论认为，环境对个体的行为和情绪有着直接影响，因此创造一个舒适的学习环境可以促进学习者的专注和投入。

二是设计学习空间。设计良好的学习空间也是学习环境管理的重要内容。

学习空间的设计应该考虑空间范围、室内布置和用具摆放等因素。心理学上的情境理论认为，学习环境与学习行为之间存在着密切的关系，因此一个合适的学习空间能够刺激学习者的学习动机和兴趣，提高学习效果。

第三，努力管理与社会资源利用策略。

一是努力管理策略。努力管理策略要求个体合理安排有限的精力，以取得最佳效果。心理学上的自我控制理论认为，人的精力是有限的，因此过度努力会导致疲劳和学习效率的下降。合理的努力管理需要个体分清事情的轻重缓急，将有限的精力优先用于重要的事情上。

二是社会资源利用策略。学习需要与人交流，因此社会资源的合理利用对于学习者至关重要。在学习中遇到困难时，大学生应该积极地向身边的教师和同学求助。心理学上的社会支持理论认为，良好的社会支持能够提高个体的抗压能力和学习适应能力，因此在学习过程中积极寻求他人的帮助是非常必要的。

（三）学习心理教育

1. 学习心理的认知

“学习心理主要是指学习者在学习过程中产生的心理现象及其规律等”①。了解大学生学习中的心理特征和心理问题，对于培养大学生健康的学习心理，学习中做到事半功倍、提高学习水平和能力、成为学有专长的社会有用之才是非常有意义的。但是，目前仍有少部分学生存在着学习目的不明确、动力不足、厌学、焦虑、迷茫等问题。学生应以学习为本，学习是大学生的天职和主要任务，是大学生活的首要主题，学习活动也是大学生的主要活动形式。大学生在大学不仅能掌握知识、技术和发展智力，而且学习过程中能形成自己的人生观、价值观、道德品质和行为习惯，以适应社会的要求。学习是一种十分复杂的心理过程，它需要智力因素和各种非智力因素的积极参与。大学生的心理健康状况和发展水平直接影响他们的学习过程和学习效果。培养良好的学习心理是大学生心理健康教育的重要内容，它对于提高大学生的学习质量和效率也具有特别重要的意义。

一般而言，学习是个体在生活过程中通过实践积累经验引起的行为或者心理的变化。广义的学习既包括人类的学习，也包括其他动物的学习；狭义的学习仅指人在社会实践过程中，在与他人交往中，运用语言这一中介，自觉、主动地掌握社会和个体经验的过程。学习是大学生的主要任务。大学的学习是人

① 刘苍劲. 新时期大学生心理健康教育实效性研究 [M]. 北京：北京师范大学出版社，2017：84.

类学习的一种特殊形式和特殊阶段，是在学校教师有目的、有计划、有组织的系统指导下，以掌握间接经验为主的智力实践活动过程。

（1）学习心理结构。大学生正处于智力发展的高峰期，记忆力、观察力、逻辑思维能力与创造性都有很大的发展潜力，学生学习的好坏受很多条件和因素的影响和支配。

第一，大学生的智力因素。智力因素主要包括一个人的注意力、观察力、记忆力、想象力和思维力。学习就是通过智力活动感知客观世界、积累经验、掌握知识、解决各种问题，从而认识客观世界发展变化的本质和规律。心理学家把智力因素中的注意力、观察力比作智力的门窗，通过它们，知识才能进入大脑的房间，才能在大脑中进行整理、储存并在一定条件下输出。智力的各个因素是保障学习活动顺利进行的必要条件。

第二，大学生的非智力因素。非智力因素是指除智力因素以外的所有心理因素，包括情感、意志、需要、动机、理想、信念、兴趣、气质、性格、世界观、人生观和价值观等。非智力因素对认识过程起着促进和调节作用，决定学习的价值取向、学习的动力、学习过程的调控和学习的效果。对于一般的大学生而言，学习的好坏主要是由非智力因素决定的。对学习若缺乏足够的兴趣，又没有刻苦钻研的精神，即使拥有再高的智力水平，也不会有好的学习效果。

（2）学习心理特性

第一，学习的专业性。和中、小学基础教育相比，大学教育属于职业教育，大学生被各高校录取时就已经基本确定了专业方向，因此大学生学习的职业定向性已经比较明确，这就要求大学生掌握自己所学专业的基础知识和专业能力，还要结合主、客观环境做好自己的职业生涯规划。

第二，学习的自主性。大学阶段的学习，教师的课堂教学大多是以讲座的形式进行提纲挈领的引导教学，除了传授知识本身之外，更重要的是教会学生学习的方法。这就特别要求学生要有学习的自觉性和主动性。

第三，学习的综合性。高等教育不仅重视学生对专业知识的学习和掌握，更重视对学生综合素质和能力的培养。因此，大学生除了参与专业知识学习，还应该积极参与各种社会实践活动，融入社会，了解社会，才能为自己顺利就业做好充分准备。

第四，学习的探索性与创新性。大学的学习既要掌握专业知识，还要钻研知识的形成过程和科学的研究方法，善于思考，提出问题，分析和解决问题。不但要知其然，还要知其所以然，这也是现代社会创新型人才培养的基本要求。

（3）学习心理层次。大学生的学习心理状态和学习水平大致可以分为三个不同的层次：①最低层次，即学习心态和学习状态都较差，经常处于考试焦虑和缺乏明确的学习动机甚至厌学的学习心态之中，没有良好的学习策略，机械被动地完成学习任务，勉强能应付学习和考试；②中间层次，即学习心态和学习状态中等，有较明确、强烈的学习动机及较大的学习兴趣，学习认真积极，能较好地完成学习任务，考试成绩较好；③最高层次，即学习心态和学习状态健康、良好，学习目标非常明确，学习动机强烈，有旺盛的学习热情和浓厚的学习兴趣，积极进取、不怕困难，认为学习不仅是一种任务，而且是一种乐趣，他们不仅能较好地完成学习任务，而且能够发现式地学习、探究式地学习、创造性地学习。

第一，大学生的学习动机。动机是直接推动一个人进行活动的内部动力。学习动机是学生学习活动的主观意图，大学生的学习动机是影响大学生学习活动的重要心理因素。大学生的学习动机有发展成才的需要，也有个人利益的追求以及人生价值的实现需要等，这些动机一方面可以唤醒大学生对学习的准备状态，促进一些非智力因素，如集中注意力、坚持不懈、坚强的毅力等意志和情感方面品质的形成和提高，从而间接促进学习；另一方面可以作为一种学习结果，强化学习行为本身，促进“学习—动机—学习”的良性循环。

第二，大学生的学习兴趣。兴趣是个体积极探究某种事物、力求参与某种活动的心理倾向。兴趣对于学习的影响在于它能让人产生愉快、轻松的情绪，付出自主的意志努力，使人集中精力创造性地完成学习任务。

第三，大学生的学习行为。一般而言，大学阶段的学生都知道学习和掌握知识技能的重要性，但个别学生由于中、小学阶段没有养成良好的学习习惯，是在教师、家长的监管、强迫下学习的。所以，到了大学，管理方式和学习方式给予学生更多的自由度和支配权时，这些学生在学习上就缺乏主动性、积极性，进而不能在行动上有计划地持续学习。

第四，大学生的学习方法。大学的学习不仅是学知识、学专业，更重要的是学方法、学策略，提升学习能力。学习方法不当会使学习效果事倍功半。长期的学习效率不高又会使学习动机减弱甚至消退。所以，大学生要始终保持良好的学习动机水平，就必须经过摸索、总结，掌握一套适合自己的良好学习方法。

2. 学习心理健康的调整方法

消除大学生的学习心理困惑，培养健康、良好的学习心理，学校和学生两方面都要采取积极措施。学校应教育学生树立正确的人生观、价值观，建设良好的校风和学风，加强对学生学习心理健康的咨询、辅导、教育，帮助学生确立明确、合适的学习目标，培养其学习兴趣，通过开展学习经验交流会等活动，加强对学生掌握科学的学习方法的指导，提高学生的学习能力和效率。从大学生自身而言，要从以下方面来努力提高自己的学习能力：

（1）树立正确的学习态度。态度决定一切，要想学习好，先得有个端正的学习态度，学习态度是指学生对学习的看法和情感以及决定自己行动倾向的心理态度。学习态度是由对学习的看法、情感以及行为倾向三个因素决定的，其中情感因素是起决定性作用的因素。有了端正的学习态度，还应该为自己的大学学习确立一个明确的长期目标和每个阶段的短期计划。目标是人们活动所追求的预期结果，是激发人的积极性并使之产生自觉行为的必要前提。目标能指导人的行动，大学生进入大学后，中学阶段考取大学的目标已经实现，跨入大学后就应该给自己确立新的理想和目标，使学习的目的性更强，从而强化学习动机，这种新目标要结合自己的实际情况和大学的学习规律来确立，还应该注意长期目标和短期计划的有机结合。

（2）掌握科学的学习方法。学习方法就是人们在学习过程中为达到一定的学习目标或具体目的，根据学习的规律作用于学习客体而采取的步骤、程序、途径、手段等。有了科学的学习方法，才能达到事半功倍的学习效果，所以学习方法在学习过程中的作用是非常重要的。但学习又是一种个人的活动，大学生因个性特点、学科专业方向等不同，所采用的学习方法也各不相同。大学生可以从以下方面摸索和掌握适合自己的一套科学的学习方法：

第一，认识大学学习的特点。通过自己的实践，逐步养成自觉学习的习惯，培养自己的自学能力。部分大学新生存在着学习适应困难的问题，这是因为大学和中学的学习特点不同。大学的学习以自学为主，而且除了学习知识，还要学会学习，学会思考，掌握自觉、自愿学习的能力。

第二，克服学习方法的惯性。不仅要尽快改变中学时被动、死记硬背、听命于教师的学习方法，还要根据大学所学专业、课程、教学内容、教学形式、教学方法以及教师的个性特点，不断地进行调整以主动适应大学的学习。因为决定每个人学习能力的智力因素和非智力因素不同，因此学习方法也要因人而异。新生进校后，很多高校会组织开展学习经验交流会等活动，来帮助新生尽快适应大学的学习，摸索建立科学的学习方法。听了学长学姐的介绍后，有些学生回去效仿却发现不怎么见效或见效很慢。如果遇到这种情况就应该根据自己的实际情况尽快调整，以免耽误和浪费时间，挫伤学习的积极性和热情。

第三，合理、科学地安排和支配时间。大学的生活除了学习，还有丰富多彩的校园文化活动和学生社团活动。如何在有限的时间里既能保证自己有效地学习和参加实践活动的时间，还能保证自己有充足的休息、娱乐、锻炼的时间，就是摆在大学生面前的一个难题。在入学的最初阶段，应该把时间和精力集中在学好规定的课程上，要养成预习、复习的好习惯，掌握课堂教学中的听、讲、记笔记、练习、质疑等环节，学会利用工具书、图书馆等来辅助学习。还要处理好学习与工作、社团活动、体育锻炼、文艺活动以及休息的关系。这个过程要慢慢摸索，经过一段时间的协调、磨合，培养自己有规律的学习生活和习惯，就会逐步适应新的生活。

（3）培养合适的学习兴趣。学习兴趣是学习活动的认识倾向，它是学习积极性中最现实、最活跃的心理成分。兴趣是情感的凝聚，学习兴趣是可以在学习过程中逐渐培养的。一个人如果对某件事情感兴趣，那么他就会深入、持久地去做这件事，力争达到预期目的。换言之，兴趣是最好的教师，带着兴趣学习可以使大学生学习时心情愉快，长时间学习不会感觉到疲倦，所以要培养和激发学生对专业学习的兴趣，带着兴趣学习才能消除学习疲劳和学习厌倦心理。

（4）重视预防与消除心理疲劳。不会休息的人就不会工作，不注意劳逸结合的学习只能是事倍功半。要消除学习疲劳，除了培养学习兴趣外，大学生还应该根据学校的课程安排和自己的实际情况制订科学、合理的作息时间，养成良好的生活习惯，保证体力和脑力消耗的营养补充以及充足的睡眠，加强体育锻炼，做到劳逸结合才能有效地预防学习疲劳。还要创设良好的学习环境，因为嘈杂、脏乱的环境可能使人心烦意乱、焦躁不安，容易产生学习疲劳。大学生的学习，除了鼓励学生个体努力学习以外，还要加强班风建设、学风建设和宿舍管理，营造良好的集体学习氛围，使学生能在窗明几净、安静祥和的环境和氛围中学习。

3. 积极学习动机的培养策略

学习动机即指向学习的动机，是满足学习需要的一种心理状态，学习动机具有激发指向、维持调节的功能，其包含了内部动机和外部动机两种，内部动机指对学习过程本身感兴趣，如对知识本身感兴趣；外部动机是指动机由外部因素引起，对获得内在的成果感到满足，如考试取得好成绩会获得奖学金和他人的表扬。外部动机不能转化为内部动机，真正推动和维持个人持续投入的是内部动机。

动机水平与工作效率呈倒U形曲线关系，即动机水平过高和过低都无法引起最佳的工作状态。工作的难易程度不同，所需的动机水平也不同。对相对简单的工作，需要较高的动机水平；而相对困难的工作，则需要较低的动机水平。例如，做一项实验需要持久的努力，不能一开始动机过高，对于不逃课这个任务，则需要强烈的动机，控制自己，即使教师不点名也要坐到教室。

学习动机对学习起着巨大的推动作用，控制着正确的学习方向。在学习中常会遇到困难和挫折，对专业没兴趣，对学校不满意，缺少学习动力，校园里高手如云等原因都会使人失去学习的动力和信心，学习动机会帮助寻找克服困难的途径，使得我们持续主动地学习，从而取得优异的成绩。不足的学习动机会降低克服困难的勇气和决心，但过高的学习动机会使得我们过于看重学习结果，制定目标的偏差，甚至成绩的微小波动都将成为引起情绪紧张，造成效率降低的原因。

（1）培养良好的学习兴趣。学习兴趣是一种渴望认识世界、获得科学文化知识的意识倾向，这种意识倾向通常与个体的情感体验结合。学习兴趣是学习动机中最现实、最活跃、带有强烈情感色彩的因素，它分为有趣、乐趣、志趣三个阶段。我们初次看到某个事物，被其外在的新奇现象吸引，产生时间短暂的直接兴趣，成为有趣；当再次看到该事物时，若对其依然充满兴趣，有趣逐步定向且形成乐趣，此时为兴趣发展的中级水平；当乐趣能够与个人理想和奋斗目标结合时，乐趣转化为持续时间较长的志趣，志趣为兴趣的高级阶段，能够推动个体积极自学，当我们将专业兴趣提升到志趣阶段后，会自主地全身心投入学习中。将专业渴求转化为志趣，快乐着学习，并从学习中寻找快乐，学习兴趣的调节就至关重要。

第一，兴趣需要培养。有人喜欢打篮球、弹吉他，并不是因为学习这项技能很容易，而是因为这项技能看起来很酷、帮助交友、锻炼身体……对专业知识而言亦是如此，学好高等数学可以帮助学生分析实验数据，学好英语有助于将中医药文化传播开来。鼓励自己，专业的积极暗示，了解和挖掘专业知识对自己的意义，在枯燥的专业知识理论中寻找与自己志趣相投的共同点，都是培养兴趣的有效方法。

第二，兴趣需要知识的积累与实践。兴趣是在知识的积累和实践中逐渐增长起来的。设法将每一堂课的内容都听懂，不懂的及时思考或提问，课后积极练习，尝试实践，从每一次努力开始，得到一次喜悦的回报，学习的兴趣就会增加一分，对专业的兴趣将逐渐增加。

第三，兴趣需要迁移。可以发现专业课教师身上能够吸引学生的地方，寻找教师讲课内容中与自己兴趣的联系，将自己感兴趣科目的愉悦心态转移到不喜欢的科目上，使自己在学习专业课时轻松愉快。

学习的兴趣早已包含在生活中，不过是我们过分关注学习成绩和别人的评价，而掩盖了我们对习得知识的乐趣，当我们放下成见，投入学习时，就会察觉获取知识本身也充满趣味。

（2）妙用成就需要的策略。需要是一种激发我们寻求满足的紧张状态，而动机是内心需要的外在表现，因此，主动学习的基础是找到一种迫切的需要。著名的需求层次理论，将人的需要由低到高分为五个层次，分别为生理需求、安全需求、社交需求、尊重需求和自我实现需求，低层次需求满足后才能被高层次的需求所激励。大学生活已经基本满足了生理需求、安全需求，较为缺失的是归属和爱的需求，在此阶段需要正确认识自己，爱护和尊重自己，树立信心，正确将失败归因，保持积极乐观的心态和面对挫折的勇气。

人们通常不会满足于达到一种相对稳定的状态，随着一个层次的需求得到满足，将会开始追求下一个层次的需求，将这种需求定义为克服困难，锻炼力量，努力从事困难工作的推动力，即成就需要。随着研究深入，成就需要逐步发展为成就动机，可定义为与自己所持有的良好或优秀的标准竞争之下，个人学习而来的追求成功的需要或驱动力，即希望独立并成功地完成或掌握一些充满困难或具有挑战的事情的一种愿望。学习动机则主要反映在成就动机上。个人的动机水平依赖于其对目的的评价及达到目的的可能性评估，基于积极和消极的两种情感的占有倾向，将成就动机分成了力求成功和避免失败两种动机趋向。

人在做某个事情时，在受内心需求驱使的同时，也会评估成功的可能性和成功后所获得的奖励，如成就动机高的人会选择较为实际的工作，在成功和成功后的奖励（包含物质和精神两方面奖励）中寻求最大平衡点，而避免失败的人会选择极易成功的工作，使成功概率最大，或选择几乎不可能成功的工作，为自己的失败提供理由，这种力求成功和避免失败的心理倾向的两两组合，组成了以下成就动机的类型：

第一，高驱高避。高驱高避类型的人被认为是过度努力者，兼具成功定向者和避免失败者的特点，既受到成功的奖励和成功本身的诱惑，又对失败充满恐惧，在面对一项任务时交织着追求和排斥两种情绪。这种类型的学生在他人面前常表现淡定、贪玩，不在乎考试，私下里却偷偷努力，尝试用成功来逃避失败，受到紧张和冲突情绪的困扰。这类学生需要调整自己的目标和价值观，鼓励自己放慢速度，逐步接近目标。

第二，高驱低避。高驱低避类型的人被称为是“趋向成功者”，对学习有极高的兴趣，对事物充满好奇心，表现力强、自信、勇敢、机智，相信学习本身极具价值，能够自主学习，并在学习中获得乐趣。这种类型的人学习十分认真，课后也热衷于学习，面对事物不断尝试超越现状，发展自我。这类学生可着重发挥特长，在活动和比赛中获得鼓励，培养高尚的情操，积极热情地帮助他人，挑战更多可能。

第三，低驱高避。低驱高避类型的人被认为是逃避失败者，对成功的期望很低，习惯于逃避失败，怀疑自己的能力，担心被指责，常感到焦虑和紧张。这种类型的人学习并不存在问题，但学习兴趣很低，动机不强，表现得懒惰、无所谓，甚至抵触和逃避。这类学生需要在学习中多做尝试，增加成功的体验，需要寻找学习兴趣，培养自信心。

第四，低驱低避。低驱低避类型的人被认为是接受失败者，不奢望成功，也不恐惧失败，拒绝有关挑战的任何事物。表现在对需要努力的事情直接拒绝，上课不听讲，下课不复习，逃避与学习有关的作业。实验、见习等。这类学生需要寻找更多表现机会，从简单任务着手，获得家长、朋友、教师的支持和鼓励，培养学习兴趣，强化内部学习动机。

目标的吸引力越大，个人的主观能动性发挥越大，成就动机越高；实现目标能够施展才华的机会越多，成就动机也越高；当具有一定挑战且成功概率较高时，成就动机则越高。因此保持信心和动力，设置合理的目标，主动思考，不畏挫折，敢于挑战，成功的可能性就会更大。

（3）合理地制定学业目标。目标是指个人从事活动所要达到的目的，分为掌握目标和成绩目标。掌握目标是个人从事活动的目的指向掌握、理解该项任务，发现新技能，提高自身能力；成绩目标是指个人从事活动的目的在于比别人做得更好，超过外界的要求标准，进而获得他人对自己能力的肯定和赞扬，避免他人对自身能力的否定评价。学业目标则指学生从事学习活动所要达到的目的，其中掌握目标是为了获取学习活动所要传递的知识和技能，在遇到困难时，设定掌握目标的学生更可能坚持努力学习；成绩目标定向在对学习者能力的测试结果上，而并非学习的机会。

学业目标是引发学习行为的主要动力之一，如大学生考前复习是为了不挂科，积极参加实习的目的是顺利毕业。大学生的现状是，我们都知道目标很重要，但是制定目标要花时间和精力去探索和实施，随之而来的麻烦和不确定的状态，使得大多数学生不愿意实际地去设定目标。没有目标和方向感，只能带来茫然的纠结，纠结的结果是时间的流逝，机会的丧失，失败的后果。所以，对于人生职业探索期的大学生而言，精心制定的目标比随意确定的目标更重要，随意确定的目标比没有目标更有效。

学业目标的制定可以分为长期目标、中期目标、短期目标、小型目标和微目标。①长期目标：涉及个人想要的生活类型、事业、生活方式等。大学生在设立这类目标时最好保持目标的宽泛和灵活，进行多样探索。②中期目标：是人生今后 5 年时间的规划，包含寻求的教育类型，对事业的规划等。大学生要对这类规划有较大的控制能力。③短期目标：从下个月起至今后的一年时间。可设立为实际且通过努力可以实现的目标。④小型目标：涵盖一天到一个月内所有的事情。大学生应对这类目标有很强的控制能力，且尽可能详细明确。⑤微目标：从现在起到几个小时的时间。这类目标可直接控制，大学生可设立清晰具体、具有明确时间节点的微目标。

此外，还有中长期目标，中长期目标包含个人对整个生活状态的期待，是个人世界观、人生观和价值观的体现，在设立这类目标时，要维护自我和谐的状态，符合自身条件和观点，大学生在大学期间需要树立远大的理想，把个人的前途与国家的命运联系起来，把价值的实现和社会现实联系起来，多做审视探索，及时调整方向，让自己保持动力和信心，将目标转化为行动，坚持奋斗才会成功。短期、小型和微目标的设立遵循 SMART 原则：S 代表具体（Specific），指绩效考核要切中特定的工作指标，不能笼统；M 代表可度量（Measurable），指绩效指标是数量化或者行为化的，验证这些绩效指标的数据或者信息是可以获得的；A 代表可实现（Attainable），指绩效指标在付出努力的情况下可以实现，避免设立过高或过低的目标；R 代表相关性（Relevant），指绩效指标是与工作的其他目标相关联的；绩效指标是与本职工作相关联的；T 代表有时限（Time-bound），注重完成绩效指标的特定期限。

第一，目标必须是具体的（Spedfic），如将目标设定为“背完 50 个单词”比“背英语单词”要具体得多，操作性也更强。

第二，目标必须是可以衡量的（Measurable），如“背完 50 个可以默写出来的单词”，可以衡量的目标，具有核查功能。

第三，目标必须是可以达到的（Attainable），如“期末考试平均成绩达到 80 分”比“期末考试不挂科”和“期末考试门门考满分”要合理得多，设定的目标要符合自己的实力，满足实际条件，目标的难度适中，具有一定挑战性，“努力一下就可以实现”可作为设立目标需把握的度。

第四，目标必须与其他目标具有相关性（Relevant），如同学习和生活不可分割一样，目标的设定也不能单独存在，要属于一个目标群。

第五，目标必须有明确的结束日期（Time-based），有一定时间压力的目标更利于集中注意力立即行动。

学业目标的制定是满足学业要求的手段，不配合行动永远无法实现。设立好目标后，必须采取措施，按计划行动，停留在只做出了改变还未发力就已经感觉良好的即时满足感，只能带来新一轮的后悔和懒惰。寻找真正感兴趣的事物，当遇到挫折时，要原谅曾经的自己，关注真正有价值的东西，着眼于创造未来，追求成长。

4. 良好学习策略的具体运用

科技迅速发展，信息社会不断变革，使得知识总有一天会变得陈旧无用，不断学习才能不被时代抛弃，而学会学习，掌握学习知识的方法才是真正重要的资本。目前，大学生对学习策略的应用水平普遍较低，大多数学生具有一定的学习策略知识，但对其恰当选用显得盲目，同时对于知识本身，只关注课堂学习，而不重视对知识的深加工和资源的合理配置，巩固知识的方法掌握不好。面对当下的学习任务，找到知识的规律，遵循学习规则，避免拖延，将资源最大化利用来帮助我们提高学习效率，是大学生急需掌握的技能。学习策略是学习者为了提高学习效果和效率，采用的规则、方法、技巧和调控方法的总和。学习策略的使用是学生学会学习的重要指标，目的在于用较少的能源消耗有效地实现学习目标，进而提高学习效率和质量。学习策略具有四个特征：学习者为了完成学习目标而主动使用；是有效学习所必需的；其与学习的过程相关；主要体现在学习计划上，由规则和技能组成。

（1）学习策略的类型。学习策略可以概括为认知策略、元认知策略和资源管理策略三方面。认知策略对学习者的心理过程产生调节和控制作用，是一种特殊的程序性知识，如复述策略（简单的知识多重复，复杂的知识做标记）、精加工策略（做笔记，自我提问，利用已有知识背景与新信息产生联系）、组织策略（列提纲，画出关系图，制作表格，将新旧知识进行整合）等；元认知策略可对学习者的认知过程和结果进行有效的监视和控制，是个人关于自己认知过程的知识和调节这些过程的能力，如自我计划策略（制定学习目标，提出待回答问题，分析如何完成学习任务）、自我监控策略（自我提问，考试时监测答题速度，阅读时注意跟踪效率）、自我调节策略（做法与自我监控策略类似）等；资源管理策略辅助学习者管理可用的环境的资源，包含了时间管理、学习环境管理、努力状态和寻求支持策略等。

（2）学习风格的分析。学习风格是大学生对学习环境的感知和认知方式，这种学习方式结合了学习者的学习策略和倾向，表现出相对稳定且具有个体特性的学习方法。当个人的学习方式没有受到学习环境和内容的影响，始终保持连续和连贯的学习策略和倾向时，其所特有的学习风格便得以确定。

第一，学习风格特性。学习风格的形成受到先天生理因素和后天环境影响双重作用，学习者基于个人的生理特征，并在家庭环境和教育方式影响下，逐渐形成了具有个人特征的学习模式，其中个人性格、思维方式和观念意识等内部因素在学习风格形成中起决定性作用。学习风格具有四个特性：个人的生理特征和学习环境存在差异，学习风格具有独特性；学习方式一旦形成，不会轻易发生较大变化，学习风格具有稳定性；随着年龄和阅历的增长，学习风格也会改变，具有可塑性；学习方式在学习活动上得以直接体现，学习风格具有直接性。

第二，学习风格类型。学习风格从知识的加工方面可以分为活跃型和沉思型；从知识的感知方面可以分为感悟型和直觉型；从知识的输入方面可以分为视觉型和言语型；从知识的理解方面可以分为序列型和综合型。

一是活跃型。活跃型学习者更倾向于积极地参与学习过程，乐于讨论、解释和应用所需掌握的信息，但急于求成，不能全面地细致地分析问题。这类学生多采用整体加工的方式，在完成需要做整体完成的学习任务时，表现较好，在面对阅读、推理等学习任务时，常表现不佳，甚至伴有学习能力缺失。这类学生人际智力突出，参与、分享和合作形式的学习效果最好。

二是沉思型。沉思型学习者通常会在考虑周全后再做反应，精确度高，当面对熟悉且简单的问题时，反应较快，但当需要解决复杂问题时，反应较慢。这类学生善于细节性加工，在阅读、记忆、推理、创造力等方面都表现较好。这类学生内省智力突出，适合独立学习。

三是感悟型。感悟型学习者对细节很有耐心，对知识的学习更加实际和仔细，擅长记忆事实，喜欢做现成的工作，但是面对复杂和突发情况，往往表现不佳。这类学生自然观察能力较强，通过直接观察和体验式的学习效果较好。

四是直觉型。直觉型学习者善于发现事物之间的关系，对新概念和新知识有较大的热情，能够理解抽象的知识，更具创新能力，但当面对需要重复性的学习内容时，往往没有耐心。这类学生逻辑数学较好，利用抽象思维寻找一般规律的学习效果较好。

五是视觉型。视觉型学习者擅长记住他们所看到的东西，如影片、图表、演示等内容，可以在同一时间段内接收多项信息，善于发现细微的细节，但易于被其他容易看到的事物干扰。这类学生视觉空间智能突出，对知识内容做标记，有助于这类学习者获取知识。

六是言语型。言语型学习者善于通过文字和口头解释获取知识，喜欢用口述和笔记的形式表达信息，但当过多地观察文字和口头信息输入时，表现会受到影响。这类学生词语智力较为突出，用听说的方式学习效果最好。

七是序列型。序列型学习者倾向于按部就班地寻找答案，习惯于按照线性步骤理解问题，每一步都相互关联，符合逻辑地逐渐深入学习，但一旦信息衔接不上，往往失去头绪，甚至影响前面获取到的内容，在面对需要将不同信息相联系时，往往表现不佳。

八是综合型。综合型的学习者能够快速解决问题，喜欢没有特定计划，随意接收信息，一旦找到了信息的主要部分，就会用新奇的方式将所有信息整合起来，但对知识的细节把握模糊。

学习风格不是绝对的，没有好坏之分，每个人都具备这些倾向，只是表现出的倾向程度不同，选择适合自己的方式，在最擅长的领域学习。没有人能够学会所有的知识，重要的不是喜欢或习惯采用某种方式，而是发现和接受自己，挖掘潜力，发挥所长。

（3）学习时间的管理。在学习中无论是拖延、纠结，还是低效，都与时间管理密切相关，它直接影响了我们的学业成绩和生活质量。大学生学习的改变首先从改变行动开始，而改变行动最主要的一点就是学会管理时间。

第一，时间管理作用。时间管理是指对时间计划、安排、控制、分配、使用、反馈等活动，以实现相应的目标。时间管理包含三个方面：时间价值观，即对时间的功能和价值的态度和观点；时间监控观，即利用和统筹时间的能力和观念；时间效能感，即对自己驾驭时间的信念和预期，体现了个人对时间管理的信心和行为能力的估计。

时间管理既是手段，也是能力。善于驾驭时间的学生对学习更有掌控力，有更强的自信心和自尊心，能够出色地完成学习任务，提升学习效率，提高学习成绩。此外，时间利用率越高，业余时间就越多，留给个人娱乐和休息的时间越多，良好的生活质量和身心健康就得以保障。

第二，时间管理阶段。掌握时间管理需要经过以下三个阶段：

一是认识时间。在面对学习困难时我们常会选择逃避或拖延，在拖延和逃避的同时，已经失去了优势。尝试着计算以下拖延成本：写下一周内确认已经安排好的日程，详细记录每天确定要完成的事情，将记录间隔分为一个小时。回顾一下，在一周的非计划日程中，有没有未安排完的事情；一周内有多少时间用于完成目标；是否对要做的事情感到烦心；思考产生心理感受的原因。

二是把握时间规划原则。所有要做的事情都可以按照紧迫性高低和重要性强弱分成类别，我们常将时间放在紧迫但不重要的事情上，但实际中，我们最应该分配时间的是放在重要的事情上。将事情划分等级之后，按照事情的等级分配时间，保证要事第一。

三是体验与反思。时间管理还需要行动，在具体操作时可借助以下方法：明确真正要做的事情，同一个时间内只做一件事；向他人做出承诺，利用监督的力量克服困难；当我们感到不在状态时，告诉自己再坚持 5 分钟；注意力无法集中时，定好闹钟休息 10—15 分钟；回顾要做的事情和完成时间，反思还存在哪些问题；该如何做出改变。

时间管理是一种技巧，不要为此感到紧张或担心，每个人都有适合自己的管理方法和能力，只要开始行动，态度就会发生变化，加入专注力，方法也将随之变得科学。时间管理要给自己留有休息和娱乐的时间，无论是提高学习效率，还是专注于娱乐，目的都是成为一个期待的自己。

（4）学习的记忆方法。记忆是将获得的知识存贮和读出的神经反应过程，也是认知系统的重要环节。所有推理、运算、语言、分析等的高级认知活动基础都是记忆。三级加工模型将记忆分为瞬时记忆（又称感觉记忆）、短时记忆（又叫工作记忆）、长时记忆。瞬时记忆是信息进入大脑，刺激作用于感觉器官所引起的短暂记忆，其保持的时间在 1 秒左右，此时的信息都处于未加工的原始状态。短时记忆是当信息经过瞬时记忆的筛选进入登记阶段，是长时记忆的中转站，短时记忆的容量有限，只能一次记住 7±2 个无意义的组块，若不经过复述，很容易会被遗忘。长时记忆是信息的存储中心，能够永久存储信息，它的容量是无限的，长时记忆以有组织的状态存储，主要由短时记忆复述而来。

第一，记忆的影响因素。系列位置效应使得我们对学习内容的开头和末尾记忆深刻，如在背课文时，前几句话总是印象最深，学习内容的中间部分由于受到了前面和后面内容的前摄抑制和倒摄抑制，导致中间部分记忆效果最差；记忆具有场合相关性，学习环境和记忆线索的匹配度会直接影响记忆效果；当学习内容既有意义又可理解时，记忆效果最好；当相关领域知识越丰富，情绪越正向时，记忆效果越好。我们可以利用记忆的特点和影响因素，强化大脑功能，提高记忆力。

第二，记忆的方法策略。

一是及时复述，定期复习。经过瞬时记忆筛选的信息首选进入短时记忆，短时记忆中的一部分经过复述进入尝试记忆，未经复述的部分在短时记忆中保持一分钟左右后将被遗忘，因此需要及时复述，调动身体器官，集中注意力重复知识内容，加强有效的记忆。人们遗忘的过程是先快后慢，在知识内容记忆 20 分钟后会遗忘 40%，而在几天之后，记忆的内容将所剩无几，定期复习可以有效减缓遗忘进程。

二是联想记忆，增强理解。长时记忆的内容是放射性地相互联系着的，在记忆过程中极可能地提问，加深记忆内容的理解，主动将现学的知识与以往的知识联系起来，采用图像、颜色标记、不同记号等手段可调动左右脑加深记忆。

三是匹配环境，调节情绪。给学习内容想象一个尽可能详细的图像，反复练习可帮助大脑在想象中获得体验感，增强记忆。在考试前夕，模拟的考试环境下学习和识记，可帮助大脑提取与记忆情景一致的信息。紧张的情绪会破坏记忆和认知作用，调节好正向情绪，反记忆效果才会提高。

除了以上记忆策略外，将学习环境和娱乐场所分开，布置学习环境，使桌布、墙壁等颜色具有寂静感，都可以帮助记忆。此外，在学习时不受干扰，提高注意力，专注在所要记忆的内容上是最基本、最重要的记忆方法。

（5）创造性学习策略。随着社会发展，科技进步，教育对大学生的创造能力提出了新的要求。我们通常把创造力与出类拔萃的天才联系起来，普遍认为自己的创造不够，但实际上，创新无处不在，策划一个活动，想到一个舞台剧的点子，排练一段舞蹈，改编一首歌曲，甚至组织一场学习交流班会，都是创造力的体现。在学习中，培养创造精神，将增强学生之间的合作意识和动机，增进学习交流，使得学习方法和学习能力都得到提高。

创造性学习是指学生在学习的过程中不局限于教材上或教师所讲授的内容，能够提出独到新颖的观点和方法。创造性学习主要在个人的学习活动中体现：在实践中，能够找到不同的推导过程或思维过程来指导实践；在学习中，能够独立自主地思考，探索出与之前相同的或不同的推论和判断；在解决问题或分析问题时，具有批判精神，全面考虑，找到多种方法和途径。

创造性学习的核心是进行创造型思维，它包含发散思维和聚会思维：发散思维的思路是面型的，主要依赖右脑的审美型生理机制，追求更多、更新型的想法；聚会思维的思路是线性的，主要依赖左脑的分析型生理机制，追求更理想、更科学的可能性。当个人的思维进行发散到聚合，再发散到再聚合的活动，促使意识状态从不平衡到平衡，再从新的不平衡到新的平衡，此时新的观点和思想便得以产生并发展。创造性学习能力可以从以下方面进行培养：

第一，积累知识。创新力的基础是认识对象，在事物尽可能多的角度发现问题，分析相关联系，从而获取解决问题的办法。获取的知识越丰富，越容易将知识以有用的方式整合起来，获取的知识才会更有深度和广度，创造前景才会更广阔。

第二，培养创造性思维。首先，学会否定质疑的方法，对学习内容中已有的观点、结论和成果进行大胆存疑，提出问题，寻找突破点；其次，解放大脑，进行大胆想象，可以帮助我们冲破知识经验的束缚，反思过去，为创造力架起桥梁。

第三，拥有热情。无论是学习知识还是追求真理，都需要坚强的意志和持续的关注，积极参与学习交流、设计竞赛等活动，在激励环境中，吸取经验，保持求知欲和好奇心，在交流和激励中产生新思维。

第四，坚持实践。经验可以指导实践，实践反过来会完善经验。实践有助于巩固和理解知识，使抽象的理论变得生动具体，同时理论在实践中相互作用，联系整合，众多的新问题也在实践中应运而生。

在大学生的学习过程中，尝试新事物，开辟新道路，换个角度思考问题，不仅有助于找到解决问题的方法，获取实现目标的途径，还可以在这个过程中发现新思路、新办法，创新也随之而来。

（四）人格健康教育

1. 人格的认知

人格是人们日常生活中经常使用的词汇，人格是构成大学生思想、情感及行为的特有模式，这个独特模式包含了大学生区别于他人的稳定而统一的心理品质。对于人格的内涵，可以从两个方面来理解：①人格是大学生的心理行为模式。人格是由内在的心理特征与外部的行为方式构成的，它不仅是单一的心理特征和行为模式，而且是这些心理特征和行为模式相互作用而形成的有一定组织和层次结构的模式。②人格不是生来就有的，而是在先天遗传素质的基础上通过后天环境的相互作用形成的。遗传因素是人格形成的重要基础和必要条件，而后天环境使遗传的作用得以发挥。并且两者的作用不是简单相加，而是复杂的相互制约、相互作用，共同影响着人格的形成和发展。

（1）人格发展的特性

第一，整体性。人格是人的全面心理面貌，是统一的整体结构。它由多种特质组成一个有机整体，相互制约、相互联系，容易受到自我意识的控制，有着内在一致性特点。但如果这些特质中间出现开裂，人格的整体性丢失，那么便不能将外界经验联合整合到自身的人格结构中。特质之间也不能实现整合统一，其中，极端的代表就是精神分裂症。

第二，独特性。世界上不会有两个人格特征完全相同的人，大学生的人格是在遗传、环境、教育等先后天因素的交互作用下形成的。即使是同卵双生子，他们的心理面貌也不会完全相同。

第三，稳定性。人格特征一旦形成就相当稳定，但是个体在行为中偶然表现出来的心理倾向和心理特征并不能代表他的人格。例如，一个处事稳重的人偶然表现出轻率的举动，不能由此说他具有轻率的人格特征。正因为人格具有稳定性，才会有人与人之间心理上的差异，人们才能根据各人不同的人格特征，把一个人与另一个人区分开来。

第四，生物性。人格的形成和发展不仅受生物因素的制约，而且受社会因素的制约。生物因素主要指神经系统活动的特点、遗传的生理解剖特点等。人的生物因素虽然不能预定人格的发展方向，却是人格形成的基础，给人格发展提供可能性。

第五，社会性。人在出生之时只是一个生物学意义上的个体，但出生也意味着从一个简单的生理环境进入了一个复杂的社会环境之中，就要掌握所处社会的行为道德规范、价值观念、信念体系、社会风俗等。如果离开了人类的社会生活，人的正常心理就无法形成和发展，社会生活条件对人格的形成和发展起到决定性的作用。

（2）人格的结构系统。人格是由不同成分构成的一个结构系统，这些成分从不同侧面反映了人格的差异。人格结构系统包括气质、性格、自我调控三个方面。

第一，气质。气质这一概念与人们平时说的脾气、秉性或性情相似。“气质是指人生来就有的、典型的、表现在心理活动的强度、速度、稳定性和指向性等方面的稳定的心理特征”[①]。人的气质差异是先天形成的，并受神经系统活动过程的特性所制约。气质在不同情境、不同活动中都会表现出来，而气质特点的不同组合就构成了气质类型。心理学上把气质划分为四种类型：胆汁质、多血质、黏液质、抑郁质。关于气质的类型，不同的心理学家有不同的分类方法，其中最为常见的是认为人体有四种体液：血液、黏液、黄胆汁、黑胆汁。这四种体液的组合形成了人体的特质，即血液占优势称为“多血质”，黏液占优势称为“黏液质”，黄胆汁占优势称为“胆汁质”，黑胆汁占优势称为“抑郁质”。

第二，性格。性格是大学生的行为方式、对现实的态度，从中表现出坚固的心理特征，它是一种与社会相关最为密切的人格特征。性格体现在人的行为举止中，同时，体现了人们对周围世界、现实的态度。相较于气质而言，性格有好坏之分，但没有天赋性可言，性格是在后天的环境中潜移默化而形成的，与人的世界观、人生观、价值观息息相关。性格是有好坏分别的，它体现了一定的道德性、社会性。例如，助人为乐、热爱祖国、诚实守信、见义勇为、廉洁奉公等体现了好的性格品质，而自私自利、唯利是图、冷酷无情等都体现了不良的性格品质。

第三，自我调控。人格中的内控系统则是自我调控。拥有自我控制、自我体验、自我认知三个子系统。自我调控的核心是对人格的各个部分进行统一控

① 张冬梅，谷丹．大学生心理健康教育［M］．北京：北京邮电大学出版社，2018：120.

制，以保证人格的统一、和谐、完整。

一是自我认知，是对自身的理解、洞察，其中包括自我评价、自我观察。自我评价是指对自身的行为、期望、想法以及人格特征的评估、判断；自我观察是指对自身的意向、所思所想和感知的觉察。自我调控的基础是自我认知。如果大学生不能够有正确的自我认知，就不能对自身有准确的自我调控。例如，人过高地评价自己，就会盲目自信与自大；反之，若只看到自身的不足，就会产生自卑心理。

二是自我体验，是跟随自我认知而产生的内心体验，也是自我意识在情感上的体现。例如，人们对自身做出消极评价时会产生自卑感，反之，作出积极评价时，则会形成自尊感。

三是自我控制，是完成自我意识调配作用的最后步骤，也是自我意识在行为上的体现。例如，当大学生认识到，学习对自身的发展有着重要作用的时候，他们在行为上则会体现出坚持不懈的状态。

2. 人格健康教育的策略

（1）树立正确科学的人生观。人生观是个体对人生的目的、意义和道路的根本看法和态度，包括幸福观、生死观、荣辱观等。在人生旅程中，人生观是人们行动的指路人和调节者。有怎样的人生观，便会有怎样的言语和行动。个人一旦形成正确的人生观，则会有明确的人生目标和坚强的拼搏斗志，能动地认识和改造世界，其主观世界也会得到改造。当大学生知道了如何做人，便能客观准确地评价他人、他事和自己，心理有正确的反应，人格也会朝着更加健康的方向发展。

人格优化和塑造的过程也受到学习知识过程的影响。其实，缺少科学知识的人的人格通常最容易出现问题。富有知识的人大都自信、坚强、谦逊、理智。人格能否健康发展在很大程度上受到知识水平的影响。但是，现在很多学习理工科的大学生大都缺乏人文知识，文科生科学文化素养也不高，这会使人格发展不平衡，所以大学生需要有意识地弥补和修复这种局限。

（2）掌握自我调适的方法。大学生要塑造健康人格，必须掌握一些自我调适的方法，主要有自我分析、自我评价、自我教育三种。

第一，自我分析。分析自己人格结构的优势和不足，分析要做到客观，恰到好处，保持一种比较合乎实际的水平。

第二，自我评价。客观地评价自己的人格和行为表现，做到有自知之明。

第三，自我教育。经常反思自己的思想、行为，总结优点，发现缺点，要经常自我提醒、自我警戒、自我约束，有意识地进行自我磨炼，锻炼意志品质。

（3）培养良好的行为习惯。习惯的养成最终会成为个人人格的一部分。习惯的保持并不需要付出很多自制力，但习惯的养成却需要付出许多努力，因为人们极容易退回到原来的习惯中去。养成新习惯最好的做法是一旦确定了新习惯的内容之后，就不要再犹豫，而是马上开始行动。刚开始可能并不容易，但是在坚持 21—30 天时，一种新的习惯就可以固定下来。大学生养成新习惯有以下方法：

第一，找准目标，集中精力去做。最主要的是坚定自己的信念，并不断预见积极的成果。这样才能让自己增加勇气，找到自信，并下定决心、充满动力地坚持到习惯固定下来。

第二，制订周密的计划，并坚决完成这些计划。这样做便可以将自己的思想提高到一个新的水平。

健康人格是人的整体的重要组成部分，又是社会和谐的基础与载体。健全人格的培养和塑造既是大学生成长发展的要求，也是时代的呼唤。但健全人格的培养不是一朝一夕的事情，需要坚持不懈地努力，有些改变可以受自己的控制，而有些不能。所以最好先做好充分的准备，尽可能多地去了解哪些是能够改变的，以及该如何去实施这种改变。改变并不是一件容易的事，且往往比预期的难得多。有勇气改变能改变的，平静地接受改变不了的，智者能分辨出这两者的区别。生活是一个长期改变的过程。

（五）情绪健康教育

1. 情绪对学生的主要影响

（1）情绪对学生身心健康的影响。情绪会直接影响人的身体和心理健康。积极向上、乐观愉悦的正面情绪对身心发展大有裨益，不但会激活和增强人体免疫功能，增加身体对疾病的抵抗力，延缓衰老，使身体保持健康状态，而且还会使人对生活始终抱有热情和希望，拥有强烈的自信心、好奇心和求知欲，思维敏捷，反应迅速，善于创新，勇于尝试，性格积极外向，能与人保持良好沟通和交流等，进而会有效激发自身潜能，提升各项技能和能力，促进身心全面、健康发展。而紧张焦虑、痛苦失落等负面情绪对人的身心发展伤害较大，如果长期陷入负面情绪无法自拔，不但会降低人体免疫力，容易生病，带来一系列身体健康问题，而且也不利于日常学习和生活，甚至会出现严重心理疾病，危害个体发展。

（2）情绪对学生学习生活的影响。情绪会影响大学生的潜能开发和学习效率、质量等。良好的情绪会极大激发学生的积极性和好奇心，让学生敢于、乐于参与各种学习、实践活动，并且能较为长久、专注地坚持下来，从而有利于活跃思维、拓展思路、提升想象力和创造力、提高学习和实践能力。因为轻松愉快、放松舒畅、适度紧张的情绪能最大程度调动人的思维，充分发挥创新能力，是智力活动的基础条件之一。在研究分析情绪对学习成绩的影响程度时，通常会把焦虑程度看作自变量，把学习成绩看作因变量，再利用自我评价和测定生理反应的方法来进行对比研究和分析。两者之间的关系呈倒 U 形发展趋势，即适度的焦虑有助于学习成绩的提高，而过高、过低的焦虑都对学习有一定的消极影响。

（3）情绪对学生人际关系的影响。拥有乐观向上、热情亲和、自信开朗等良好情绪的大学生，通常更容易与他人融洽相处，并快速建立起良好、亲近的人际关系。而有自卑易怒、恐惧怯懦、冷漠压抑等消极情绪的大学生，则很难建立起良好的人际关系，通常会给人难以亲近、无法交流的感觉。因为情绪存在强烈的互相感染性，所以经常保持积极稳定、阳光开朗等良好情绪的大学生，通常更受群体青睐和喜爱，会不由自主地让人产生亲近之意，从而获得良好的人际关系。因此，大学生在人际交往中，注重提高自身修养，学会适度控制与调适自己的情绪，做情绪的主人，才能拥有良好的人际关系。

（4）情绪对学生行为目标的影响。积极正面的情绪通常会产生健康向上的行为。例如，当大学生的情绪处于轻松愉快、娴静舒适等良好状态时，与之相应的行为目标也会变得积极向上，如乐于勇敢接受新事物、对他人包容理解、具有远大抱负和奉献精神等。当情绪处于愤怒焦虑、压抑失落等消极状态时，有些学生会及时进行有效的自我调节和控制，尽快消除负面情绪，吸取经验和教训，朝着积极正面的行为目标出发。但是也有部分学生陷入这种消极情绪中无法自拔，对新鲜的刺激毫无兴趣和反应，进而越陷越深，出现严重心理问题。因此，大学生在日常生活中要不断培养和提升自己的情绪自控和管理能力，及时引导负面情绪向正面情绪转变，进而产生并长期保持积极向上、乐于奉献的行为目标。

2. 积极情绪培养的具体方法

积极情绪是“指与个体需要的满足相联系的、伴随愉悦主观体验的情绪”[①]。积极情绪有很多种，最常见的积极情绪包括：喜悦、感激、宁静、兴趣、希望、自豪、笑（逗趣）、激励、敬佩和爱等。大学生积极情绪的培养方法，可以从以下方面入手：

---

① 王振宏，王永，王克静，等. 积极情绪对大学生心理健康的促进作用 [J]. 中国心理卫生杂志，2010，24（9）：716.

（1）努力增加积极的情绪

第一，真诚是重要的。现代生活节奏不断加快，人们往往关注外界，而远离了内心。假装的积极情绪和消极情绪一样是有害的。所以为了增加积极情绪，大学生需要让自身的步伐慢下来，带着真诚用心去看、去听、去感受周围的世界。这种真诚的态度能够给人们带来积极的情绪体验。

第二，找到生命的意义。提升积极情绪可以在日常生活中建构和寻找更多的积极意义。大学生常常要面临生活的磨难和考验，无法将消极情绪完全驱除，但是人们仍然可以用积极的方式来定义这些挫折或磨难，建构和提升生活的积极意义，从而增加大学生的积极情绪。

第三，品味美好。品味生活中的美好能够帮助大学生获得积极情绪。品味美好实际上就是在美好的事情中寻找好的方面，让原本积极的事物变得更加积极。

第四，计算善意。有意识地增加个体的善意可以提升积极情绪。当大学生计算善意时，可以促进大学生对周围人表现出更多的善意，关注他人，乐于助人。一旦表达善意，大学生就能从周围的人那里感受到更多的善意，促使善意和积极情绪之间形成良性循环，而更多善意也就意味着更多的积极情绪。

第五，梦想未来。提高积极情绪的简单方法是更加频繁地梦想自己的未来。为自我构想最好的将来，并非常详细地将之形象化。通过这种形象化的梦想未来，可以获得更多的积极情绪。

第六，利用优势。了解和利用自身的优势可以让大学生获得生活中更多的积极意义，并感受到更多的积极情绪。能够利用自身的优势做事，或者可以做擅长的事情的人更容易获得积极情绪。利用优势可以让大学生发现自己对生活的独特影响和贡献，体验到人生的价值。

第七，与他人走在一起。和谐的人际关系和积极情绪之间是一种相互的依赖关系。与亲人、爱人、朋友等周围的人建立和谐的、温暖的和可依赖的关系，往往能给大学生带来积极情绪。而拥有积极情绪的个体，更容易与人建立联系，易于沟通，带给别人美好的感受，从而也更容易建立深入和令人满意的人际关系。

第八，享受大自然的美好。与大自然的相处可以让大学生拥有更多的积极情绪。而户外运动和活动是比较好的途径。当大学生沉浸在大自然的怀抱中时，感受到大自然的魅力。大自然的广阔可以让学生的视野变得开阔，头脑变得灵活，也让大学生将许多烦恼抛之脑后，从而拥有更多的积极情绪。

第九，打开心灵。保持开放性能够提升大学生的积极情绪。打开心灵，就会进入积极情绪所产生的开放性思维空间。当大学生的心灵对美好保持开放，并练习接受它而不是分析它时，积极情绪就会增加。

（2）尽量减少消极的情绪。消极情绪并不是来自大学生遭遇的不幸，而是来自如何看待遇到的不幸。大学生的情绪和行为与对事物的看法和想法有关，不同的想法导致不同的情绪和行为反应。在这些看法和想法背后是大学生对某些事物的共同观念，即信念。同样的事件，如果是不同的信念，将会引发不同的情绪和行为结果。甲同学所持有的是合理信念，引发的是适当的情绪和行为反应，而乙同学所持有的是不合理信念，引发的是不适当的情绪和行为反应。如果大学生长期持有某些不合理信念，就会长期处于情绪不良之中，甚至导致情绪和精神障碍。

为了减少消极情绪，大学生要学会找到自身的不合理信念，并用合理的信念代替它。从一个典型的事件出发找到诱发事件，然后体会该事件发生后自身的情绪和行为反应。通过反思分析自身在该事件中持有了哪些不合理的信念，对之辩论并用合理信念代替它。大学生不仅需要从思想上改变不合理的信念，还需要在行为上作出改变。如果可以长期坚持，不合理的信念就会越来越少，由它所引发的消极情绪也会随之减少。将自身的注意力转移到愉快的事情上，也可以帮助大学生减少消极情绪。例如做一些喜欢的运动：慢跑、游泳、做瑜伽、冥想等。还可以做一些活动让自身完全投入其中，如和朋友聊天、旅行、读书、玩一些轻松的小游戏等，这些都可以帮助大学生从消极情绪中跳出来。

（3）两者并存提高积极率。每个人的情绪都在随时变化着。同样的事件，不同的认识可能产生不同性质的情绪。事物对大学生的意义往往是多方面的，它常常是既有消极的一面，也有积极的一面，因此，积极情绪和消极情绪之间是相对的，可以相互转化。大学生可以通过改变自身的想法和对事物的态度，将消极情绪转变为积极情绪，使减少消极情绪和增加积极情绪成为可能。因此，可以通过改变环境中的消极因素，加入积极情绪的因素，或者改变事物的意义，从而减少消极情绪感受，增加积极情绪感受。

每个人都是生活的主人，选择积极还是消极都是自身来决定的。如果总是看到事物不好的一面或者总是看到消极的事物，只会感到悲伤、压抑、自卑。如果换个角度，多尝试看到事物好的一面或者多关注那些积极的事物，多想想高兴的事情，就会自觉地用积极情绪代替消极情绪。积极情绪一旦被调动起来，会使大脑皮层处于兴奋状态，逐渐减少或者抵消消极情绪的影响。拥有积极情绪的人往往是乐观的人，他可以变通地看待事物，感受事物的美好。生活的遭遇带给大学生消极情绪，但大学生可以创造积极情绪，具体方法如下：

第一，收集积极的情绪。最好将积极情绪进行分类存储，将每种积极情绪收集到一个盒子里。这些物品可以是照片、书籍、信件、礼物等，或者对自身而言具有特殊意义的物品。在盒子上标注这是哪一种积极情绪的收集。随着时间的推移，还可以不断给这些盒子中添加新的东西。最好能将收集的盒子放在手边。如果有一天感到被一些消极情绪拖累时，可以拿出这些盒子，以开放的心态来看待它们。保持一种轻松的、心理上的接触，不特意分析。

第二，记录生活中快乐的事情。记录生活中的好事是培育和增加积极情绪简单直接的方法。一开始可能会比较困难，但坚持一段时间就会逐渐变得容易。

（六）人际交往教育

1. 人际交往的主要原则

人际交往是人类社会活动的重要组成部分，对于大学生而言尤为重要。在建立、维系和发展良好人际关系的过程中，遵循一定的原则是至关重要的。下面探讨人际交往的重要原则，包括真诚、平等尊重、互利互惠、宽容和信用。

（1）真诚原则。真诚是一种美德，是建立信任和亲近关系的基石。人们倾向于与真诚的人交往，因为真诚能够消除疑虑，减少心理防备，从而促进交流和合作。在大学生群体中，只有以真诚相待，才能建立起彼此之间的信任，进而促进交流与合作。真诚的表现不仅在于言语上的坦率，更在于行为上的一致。大学生应该勇于表达自己的真实想法和情感，同时也要对他人坦诚相待，这样才能够建立起真正的友谊和合作关系。

（2）平等尊重原则。人们渴望被尊重，渴望被当作平等的个体对待。大学生在交往中尤其注重人格平等，他们希望自己得到他人的尊重，同时也要尊重他人。自尊与尊重他人是相辅相成的，只有平等待人，才能得到平等对待。在大学生之间，尊重不仅包括对于个体的尊重，更包括对于个体的生活习惯、兴趣爱好、人格和价值的尊重。只有在尊重他人的同时，大学生才能够保持自我尊严，同时也得到他人的尊重，从而建立起良好的人际关系。

（3）互利互惠原则。只有在交往的双方都能够从中获得满足，良好的人际关系才能够建立和维系。互利互惠并不简单地指物质上的相互给予，更重要的是精神上的支持、帮助和爱护。在大学生之间，互利互惠主要表现在精神层面，如相互关心、支持、理解和尊重。只有双方都愿意付出和奉献，才能够建立起稳定和密切的人际关系。因此，互利互惠是大学生建立良好人际关系的重要途径之一。

（4）宽容原则。宽容意味着对于他人的缺点和错误有一定的包容和理解。

大学生群体中，每个个体都有自己独特的性格和特点，碰撞带来的矛盾是不可避免的。但是，只要能够换位思考，站在对方的角度考虑问题，就能够减少误会和矛盾。在人际交往中，宽容是一种重要的润滑剂，能够保持关系的融洽，赢得更多的朋友。

（5）信用原则。信用是建立在诚实、守信基础上的，缺乏信用将导致人际关系的破裂。大学生在交往中应该言行一致，言出必行，讲信用。只有这样，才能够获得他人的信任和尊重，从而建立起良好的人际关系。

2. 人际交往的完善内容

（1）自身角度的完善。人类具有与他人进行沟通的愿望与潜能。沟通体现在两个个体之间的交流上，其形式包括言语和非言语形式，目的是使沟通的双方实现彼此理解。人与人之间的沟通是一门学问，沟通的知识与技巧十分值得研究与学习。

第一，留下好的第一印象。第一印象是知觉主体与陌生人在第一次接触后所得的印象，它像人的门面一样，对人们总体印象的形成具有很大影响，并且它也会成为人们决定是否会继续与之交往的重要依据，这也是人们常说的先入为主。如果一个人给别人留下了不好的第一印象，那么他想在之后的交往中挽回形象就有一定困难。因此，在与别人初次接触时，应注重第一印象的形成，多争取印象分。尤其是当人来到一个全新的环境中，树立良好的第一印象能有效消除陌生带来的紧张感，帮助个体与他人实现有效交往。如何给他人留下好印象，可以从以下四个方面入手：

一是发挥长处。每个人都有自己的优势和劣势，如果能充分展现出自己的优势所在，便会更容易获得别人合作的意愿。因此，与人交往要充满自信，大胆地发挥出自己的长处。

二是适应场合。与人交往的环境并不是一成不变的，因此，人们也应该针对不同场合改变自己的表现，以避免展现出一成不变或不得体的状态。需要注意的是，变化要自然、不做作，人们要在言行一致的前提下，因时因地展现出不同的自己。

三是放松心情。放松是与人交往中十分重要的环节，既要让自己放松下来，也要使交流对象感到轻松。和谐的沟通通常出现在轻松的氛围之中，因此，与人交往要由内而外放松自己，不要过于紧张和严肃，尽量使用轻松幽默的语调，避免苦闷生硬的交流。

四是使用眼神。眼神交流是人与人之间沟通的重要组成部分。人们在进行一对一交流时，眼睛可以望着对方，使自己看起来真诚且尊重对方；面对众多对象时，则可以自然地环顾四周，眼神落到每一个人身上，让自己看起来友善而从容。

第二，注意自我表露。人们可以从亲密关系中获得美好的感受。这是因为在这样的关系中，信任占据了人的内心，人们可以没有顾虑地展现自己、表达自己，不需要承受担心失去友情或爱情的焦虑感，这种特点在心理学上被归结为自我表露，自我表露的程度会随着相互关系的深入和发展而增加，同时越来越多的自我表露又可以促进双方了解彼此，直到这种循环回到一个适当的水平为止。

大多数人都喜欢能够彼此表露和倾听表露的亲密关系。一方面人们对于自己的表露能被倾听和接受而感到开心；另一方面人们也会因为自己被表达者信任而高兴。人们喜欢能够敞开胸怀的人，也愿意向喜欢的人敞开心扉，并通过自我表露加深对他们的喜爱。在生活中，如果人们自我表露的机会不多，始终未能发展这种亲密关系，则会在内心产生深深的孤独感。

第三，注意微笑与倾听。让别人接纳并喜欢自己最好的方法就是常常微笑。人际交往是一个互动的过程，情绪是可以“感染”的。与人交流的时候，如果面带微笑，对方也会不自觉地被感染，而回馈同样的微笑。这样，双方的心情都会变得愉悦起来，事情也就容易谈成。同时，微笑还是一种特殊的语言——“情绪语言”可以和有声语言及行动相配合，两者起到“互补”作用，给人以美好的享受。

对人微笑是一种有礼貌的表现，它展现出一种力量、涵养，笑容代表一种希望，喜欢微笑的人具有一种温暖的力量。微笑可以向周围需要帮助的人传递光明与快乐，也可以使自己成为一个受欢迎的人。因此，人们要学会微笑，无论是在工作中还是在生活中，无论是在顺境中还是逆境中，都应该保持发自内心的微笑。

在一般认知中，人们会认为能说会道、八面玲珑的人才是善于交际、更受欢迎的人。其实不然，真正为人们所喜爱的是善于聆听的人，真正为人们所接受的是表露与聆听的交际方式。善于聆听是一个成熟的人所应具备的基本素质。“倾听别人诉说时要保持心理平和，将注意力集中在对方倾谈的重点上。要学会站在对方的立场多为他人考虑，不要用自己的价值观去指责或批判别人的想法”①。

第四，拥有同理心。同理心是站在对方的立场设身处地进行思考的一种方

① 郑华. 当代大学生人际关系优化研究 [D]. 信阳：信阳师范学院，2014：21.

式，又被称为换位思考、深入、共情。在人际交往过程中，同理心可以使人体会到他人的情绪，理解他人的想法，感受到他人的感受，并站在对方的角度分析和解决问题。同理心主要体现在情商范畴内的方方面面，如倾听能力、表达尊重以及情绪自控的能力等。

需要注意的是，同理心并不是同情心，二者不可混淆。第一，同情心是从自身的观点出发，用自己的认识去看待别人的困扰，并产生怜悯之心；同理心则是从对方的感受出发，站在对方的处境思考问题。第二，同情心产生于了解别人痛苦的具体原因之后；同理心只是在情感上站在对方的角度便可以产生，不需要太多同情。

人是独立的个体，人与人之间的思想差异巨大，因此，想要达到完全的同理不可能。但是，人们仍然可以通过学习增强同理心，提升感受力，养成通过别人的眼睛看世界的能力。

第五，感同身受。人们通常会更加喜欢那些喜欢自己的人。这是因为，当谈话者感觉到来自倾听者的兴趣与理解，特别是无论他说的内容多么荒诞和离奇，倾听者仍然表现出这种理解和关注时，谈话者会产生强烈的心理安全感，能够更加放松、坦率地表露自己。长此以往，谈话者的态度会使倾听者以同样的方式对待自己。由此可见，以诚恳和接受的态度与别人交流，也能够促进对方进行自由自在的表达，这即是同感。同感可以营造良好的交流氛围，使双方能够无拘无束地探索自我、表达自我，加强彼此的沟通，增进彼此的感情。对感同身受的理解可以从以下两个方面进行阐述：

一是非言语行为。人类具有广泛的非言语行为，如姿态、表情、语气、目光等，这些都在人与人的交流过程中发挥着巨大作用。当言语及身体词汇表达信息不一致时，首要原因通常为表情；其次是音调；最后才是言语本身。因此，善于交流的人通常具有多方面沟通的能力，他们不会局限于言语，还会通过表情、姿态、目光、语调等非言语行为来表达对对方的理解与关注。善于交流的人也能够敏感地捕捉到对方传递出的非言语行为，并有效解读出其中传递的信息，理解其中传递出的情绪。

二是言语交流。言语交流是人与人之间交流的主要方式，感同身受的理解最关键的是要理解谈话者言语中的信息与情感。与别人进行言语交流有一些技巧，如可以通过重复别人的话语表达自身注意力的集中；通过鼓励别人进一步表达自己对谈话的兴趣；适时说一些支持的言语，恰当地运用沉默；对对方所表达的内容进行反馈等。其中最为关键的是不能将自己的观点带入交流过程，不能站在自己的角度对对方进行指责或批评，而应该通过想象在自己和他人的体验间建立一种联系。充分理解对方的情感体验后，就能够更多地去喜欢、接受对方，更加愿意帮助对方，这可以使彼此的情感产生一种相互作用：当一个人理智、充分地理解对方的情绪时，便可以预期他人的行为，并做出恰当的反应。这对于人际沟通而言具有十分重要的意义。

（2）交往过程的完善。在人际交往过程中，掌握一定的人际交往艺术，可以帮助人们在交往活动中增进彼此的沟通和了解，缩短心理距离，建立和维护良好的人际关系。

第一，主动交往并赞美他人。多数人的交往愿望很强烈，但是能够主动发起交往活动的人却不多，很多人不是主动去接纳别人，而是在等待别人来接纳自己，以致错过很多机会。许多交际成功的人往往是主动交往的人，而非被动地等别人来结交自己。要想得到朋友，就必须要主动，包括主动地接纳别人，主动与人打招呼，主动关心、帮助他人，主动化解人际矛盾等。热情是最能打动人和吸引人的特质之一。一个充满热情的人很容易用自己的良性情绪感染到别人，主动和人打招呼、微笑，让人感受到被尊重、被接纳的愉悦和轻松，从而喜欢和他们交往。

主动关心、帮助他人可建立良好的第一印象，缩短彼此的心理距离，快速建立起密切的关系。这种关心、帮助并非简单指物质方面的帮助，更重要的是出于真心的感情上的交流、精神上的慰藉，以及对痛苦的分担和对困难的解决。因此，日常生活中的雪中送炭、患难之交往往能使人们建立起深厚的友谊。而当遇到人际冲突或矛盾时，主动交往的人常常能首先伸出橄榄枝，积极地想办法化解矛盾，及时消除隔阂，使人际关系得以维护和发展。

在生活中，很多时候，帮助别人其实是帮助自己。心与心之间架起一座桥，让对方先行，自己也能行得畅顺。帮助别人，总有一种快乐盈满心间，因此收获快乐的利息；帮助别人，总有一种感恩寄存在别人的心间，因此将收获感恩的利息；帮助别人，总有一种善念以循环的形式出现，让别人再去帮助别人，因此将收获回报的利息。渴望别人的赞扬和肯定是人的一种自然天性。当个体满足他人被欣赏的需要时，自身同时也能收获好的人缘。赞美他人既能带给别人快乐，也能带给自己快乐。

一是赞美要真诚、适度。在与同学相处的过程中，把握恰当的机会给别人以赞美，被赞美者心里会很高兴和感激，赞美是一种激励别人又激励自己的人际协调技术。相处中因赞美而使大家自信、充满快乐，因赞美而化解了心中的积怨与矛盾，赞美使陌生人成为挚友，使朋友成为知己。不论关系的亲疏程度如何，适当的赞美都必不可少。需要注意的是，赞美一定要真诚、适度。如果不分时间、地点、场合，随意地赞美别人，或夸奖的内容是对方所不具备的，会令人感觉言不由衷、不真诚，反而会阻碍彼此之间的交往。

二是赞扬他人身上并非显而易见的特点、优点。赞美最好是在意料之外，又在情理之中。如果能设法赞美他本人都未意识到的优点，这份独特的重视就足以打动他。当然，一定要在情理之中。只要用心感受，留意寻找，就能发现每个人都有其特点和优点。

第二，学会赞美的艺术。学会赞美的艺术是一项细致而又深刻的技能，它不仅仅是一种交流方式，更是一种心灵的沟通和连接。赞美所带来的积极影响远不止于表面，它能给人以希望、信心和继续生活的勇气，不仅提升了被赞美者的心情，也增进了赞美者自身的成长与满足感。下面从赞美的作用、赞美的技巧以及学会具体化赞美等方面探讨学会赞美的艺术。

一是赞美能够给人以希望、信心和继续生活的勇气。当我们赞美别人时，实质上是在肯定自己的眼光、气度和观察力。赞美他人之时，不仅是在欣赏对方的优点，更是在表达自己对他人的认可和尊重，这种肯定来自内心的自信。因此，赞美是一种自我肯定的行为，它让人在肯定他人的同时，也在增强自己的自信和自尊。从另一个角度来看，赞美也是一种积极的心理暗示，它能够激发人们内在的潜能，使人们更加勇敢地面对生活中的困难和挑战。

二是赞美的艺术在于善于具体化赞美，通过具体的言辞和观察来表达对他人的欣赏和尊重。具体化赞美不仅让赞美更加真诚和有力，也能够让被赞美者更加感受到赞美者的关心和认可。一种常见的具体化赞美方式是指出具体部位，说明其特点。例如，当我们赞美他人的外表时，可以说他的眼睛明亮有神，脸型端正，气质高雅等，这样的赞美不仅是对外表的肯定，也是对其个人魅力的认可。列出事实并给予具体的评价也是一种有效的具体化赞美方式。通过举出具体的例子和经历来赞美对方，能够使赞美更加真挚和有说服力，同时也能够让被赞美者更加感受到赞美者的关心和理解。

学会赞美的艺术不仅在于技巧的运用，更在于真诚的表达和对他人的尊重。只有真诚的赞美才能打动人心，只有真诚的赞美才能在人际交往中产生积极的影响。因此，在赞美他人时，我们要善于从内心发出真诚的赞美，善于发现他人的优点和闪光点，用具体的言辞和观察来表达；也要尊重他人的感受和需求，避免过度夸奖或虚假的赞美，以免产生反效果。

第三，善用批评方式。善用批评方式是一项关键的社交技能，它能够促进人际关系的发展，推动个体的成长与进步。尽管批评在人们心中常常带有负面色彩，但合适的批评却是一剂推动成长的良药。为了使批评发挥出最大的效果，我们需要注意以下方面：

一是要注意场合。批评最好在私下进行，仅有双方在场的情况下进行。当批评发生在公共场合时，被批评者往往会感受到自尊和形象受损，而忽略了批评的实质内容，这可能导致对批评者产生反感和抵触情绪。因此，在选择批评的场合时，私下交流是更为合适的选择。

二是要对事不对人。批评时应注意将事情和对方的人格、能力分开，避免伤害到对方的自尊和尊严。人格和能力是比具体事情更为重要的东西，在批评时，应该在肯定对方人品、能力的前提下，以提出希望的形式间接地让对方知道需要改进的地方。

三是要理性批评，不翻旧账。在进行批评时，应该专注于当下的问题，避免翻旧账或情绪化的批评方式。理性的批评应该针对具体的事情，公正合理地指出优点和不足，以便被批评者能够接受并进行改进。

四是要在批评他人之前，先反思自己。人们往往容易原谅自己的缺点，而对他人则过于苛刻。在批评他人之前，应该先反思自己，了解自己的不足之处，这样才能以更加平和的态度去批评他人，并且能够给出建设性的意见。通过自我反思，也能够促使对方意识到自身的问题并进行自我改进。

第四，适当对待分歧。互相讨论对于思想交流十分有益，但讨论与争论具有本质上的差异。争论的重点在“输赢”，双方都力图改变对方的观点，证明自己是对的而对方是错的；而讨论的重点在交流，双方的目的是通过思想碰撞找到更加合理有效的方法，实现双赢。当自己的观点与他人出现分歧时，大学生可以以下原则为指导解决分歧、增进沟通：

一是平和对待分歧。人们要以平和的心态看待不同的观点，因为不同观点的出现很可能是使自己避免犯错、更加完善的好机会。因此，对于别人提出的合理观点应吸收为自身所用，并对别人表示感谢，要抱着“有则改之，无则加勉”的态度对待分歧。

二是不要急于辩护。人们遇到分歧时，第一反应通常是为自己辩护，但情急之下的辩护一般是强辩，而且辩护过后难以改变对方立场。这样不仅破坏关系，还会使自己丧失受益的好机会。因此，遇到分歧时，人们要保持冷静，不要被急躁情绪操控，不要急于做出第一反应。

三是控制愤怒情绪。愤怒会阻碍思想交流。而愤怒具有短暂的特点，只要稍加安抚，等愤怒过后再交流，矛盾就容易得到圆满解决。因此，当听到自己不能接受的想法时，人们不如选择沉默，先倾听，也给予对方平和讨论的暗示，这样有利于缓解自身和对方的愤怒情绪。

四是先听对方意见。在交流中，人们要给对方发表意见的机会，不要打断对方，不要急于表达自己的不同意见，否则只会对思想交流造成障碍。

五是寻找共同之处。在对方发表完看法之后，人们先要从中找到共同点，这样能在双方之间建立友好关系，为后续交流并解决问题奠定坚实的基础。总之，人们在原则问题上要坚持自己的立场，但在细节上要做到灵活处理。

六是勇于承认错误。如果在双方交流中发现自己的观点错误，那么便大方地向对方承认。这样做能够营造出良好的交流氛围，使双方不是站在对立面上，而是可以共同找到对双方都有利的解决办法。

七是反复研究观点。人们对对方的观点要认真聆听、仔细思考，不要一开始就抱着否定的态度。经过反复思考后，如果对方是对的，便积极听取；如果是错的，不理会即可。

八是真诚地感谢对方对问题表现出兴趣。把对方设想成一个真心实意要帮助的人，感谢对方对这个问题感兴趣，那么通常对方会愿意花时间表达不同意见，最后还会成为好朋友。

九是暂缓行动时间。当出现不同意见时，人们应该给自己和对方充足的考虑时间，可以在进行二次讨论后再做决定，以便将问题处理得周全而合理。

第五，建设性交谈与换位思考。交谈是沟通信息与情感的主要方式。在交谈过程中，只有双方的兴趣和关注焦点汇聚在一起时，交谈才成为双方同等积极代入的过程，才能真正起到有效地沟通信息和增进友情的作用。所以谈话内容不是只集中在自己的需要，而是要符合别人的兴趣，鼓励对方谈论自己，而且要避免过早、过多的评论。

语言交谈不仅要谈，而且要学会听。倾听不仅是一种技巧，更体现了一种个人修养，表现出一个人的综合素质。交流时需要耐心地倾听，一边听，一边细细品味，感受对方的情绪和心理变化，同时要做出适当的反应，集中精神，表情自然，经常与对方交流目光，适当地嘉许点头，或是用微笑来表示很乐意倾听，真诚地与对方进行情感交流，这样，别人才会更有兴致继续说下去。如果需要表达自己的见解，应该在对方讲话停顿时礼貌地插话；如有疑问，也可以提出一些富有启发性的问题。如此一来，对方会感到他的讲话很受重视而乐意交谈。善于倾听的人，也是善于沟通并赢得人心的人。

3. 人际关系中的心理调适

在大学校园内，一些学生常常因为同学关系、师生关系、朋友关系等处理不当而产生很多烦恼，或者因为与职场人士的关系处理不当而失去一些工作的机会。了解大学生在人际交往中常见的问题和调适方法，有助于大学生不断完善自我，建立和维护良好的人际关系。

（1）人际关系中的自卑心理调适。自卑心理是影响个体人际交往的重要因素。自卑是由于过低的自我评价而产生的消极情绪体验。浅层感受是别人看不起自己，而深层的理解是自己看不起自己，即缺乏自信。在人际交往中，自卑心理的外在表现为：一方面总认为自己样样不如别人，从而失去进取心和竞争意识，导致情绪消沉；另一方面总认为别人会看不起自己，过于自尊、敏感，不轻易与人交往，逃避集体活动，用极强的自尊心掩盖极度的自卑，使个体的交际圈变小。长期的自卑情绪会严重影响大学生的身心健康，同时也会对大学生的学习和工作造成不良影响。因此，自卑心理需要及时进行调适，需主要从以下两方面努力：

第一，正确认识自我，提高自我评价。自卑心理的形成主要来源于社交中不能正确认识自己和对待自己。要改变自己，必须改变原有的认识，正确地评价自己。挖掘自己的优势，敢于正视自己的不足，接纳不完美的自己与不完美的生活，积极接纳自己。辩证地看待自己的优点和不足，取长补短，不断完善自我，提升自我。

第二，改变心态，积极与他人交往。一个人的社交圈子对于其个人成长和心理健康有着深远的影响。广泛的社交联系不仅能促进个体对自我认知的深入，还能为其带来友谊、集体的支持与成功的喜悦，从而提升自信心，抵御自卑心理的侵袭。首先，与他人交往能够帮助个体更全面地认识自己。在与不同背景、不同经历的人交流中，个体可以从多个角度观察自己，了解自己的长处与短处。通过与他人的比较，个体能够更客观地认识自己的优势和劣势，树立正确的自我评价。例如，当一个人发现自己在某方面不如他人时，不应感到挫败，而是应该从中吸取教训，寻找改进的途径，从而提升自身的能力和自信心。其次，在积极的社交中，个体能够获得友谊和集体的温暖，感受到成功的喜悦。与他人建立深厚的友谊，可以让个体在困难时得到支持与鼓励，在快乐时分享喜悦与欢乐。此外，成功的经历和成就感也会增强个体的自信心，让其更加坚定地相信自己的能力。这种积极的情感体验有助于抵御自卑情绪的侵袭，使个体更加积极向上地面对生活中的挑战。即使是自卑的同学在社交中也有着自己的优势。他们通常具有谦虚、善于体谅人、做事小心谨慎、稳妥细致等特点，这些品质往往能够赢得他人的信任与尊重。例如，一个自卑的同学可能会更加倾听他人的意见，更加关心他人的感受，从而在交往中建立起良好的人际关系。因此，自卑的同学应该从自己的优点中获得自信，意识到自己在社交中所具备的价值，从而摆脱自卑的困扰。

（2）人际关系中的孤独心理调适。孤独是一种主观的心理感受，主要表现为沉默寡言，缺少知心朋友，在新的生活环境中难以适应；敏感多疑，不喜欢参加集体活动，在集体中找不到自己的位置；感情脆弱，自卑感强，抗挫折能力差，不善言辞，遇事容易冲动发怒等；孤独也会导致交往障碍，如孤芳自赏、自命清高，其结果是与人不合群，待人不随和。孤独产生的原因很复杂，主要源于个人的自我感觉和评价。孤独心理调适可从以下方面着手：

第一，开放自我，积极主动与人交往。独自生活并不意味着与世隔绝，虽然客观上与外界交流困难，但仍然可以通过某些方式达到交流的目的。例如，主动亲近别人，关心别人，发现、欣赏别人的优点，真诚待人；当看到别人有困难时，主动伸出援助之手。助人和被助都是快乐的，可以从中赢得友情，摆脱孤独。

第二，正确评价自己，克服自卑情绪。人的自我评价与孤独存在因果关系，由于自卑而逃避与他人交往，会造成孤独状态，孤独使自卑感增强，形成恶性循环。如果不冲破自卑，就难以走出孤独。孤独者应该对自己进行一番冷静、客观、合理的分析，特别要找出自己的长处和特点，以增强自信心。

第三，培养广泛的兴趣、爱好。一个人活着如果有所爱、有追求，就不会感到寂寞和孤独。因此，要为自己安排丰富多彩且有意义的业余文化生活，享受生活带来的乐趣。

第四，大胆交往，不怕挫折。善于在交往、在挫折中总结经验，吸取教训，改进方法，增强交往能力。

（3）人际关系中的自我中心调适。自我中心是指大学生考虑问题、处理事情习惯以自我为中心，将自我作为思考问题的出发点和归宿，表现为凡事从自我出发，只关心自己，从不顾及他人的需要和感受，因此不能赢得别人的好感和信任，人际关系紧张，做事很难得到别人的帮助，易遭挫折。要想改善人际关系，自我中心者可从以下方面进行调适：

第一，正确评价自己。摆正自己的位置，实事求是地评价自己，既不妄自菲薄，也不盲目自大，既要看到自己的长处和优点，也要找到自己的缺点和不足。

第二，走出自我小天地。自我中心者必须学会将自己与他人、自我与社会、个人利益与集体利益统筹考虑，从狭隘的小天地走出来。自我是自己的中心，而不是别人的中心。人际交往是相互的，要学会从他人角度或社会角度去思考问题或处理问题。

第三，尊重自己，尊重别人。重视自己更应尊重别人，只有互相尊重、互谅互让、以诚相见，才能形成良好的人际交往。

第四，主动与人交往。人们在社会角色互动中才能互相理解，才能改变以自我为中心的倾向。缺少与人交往的生活经验是自我中心形成的根本原因。大学生要学会积极与人交往，只有在与人交往中，才能学会理解别人、尊重别人，才能体会到别人的存在、利益和感受，有效克服自我中心倾向。

（4）人际关系中的社交恐惧调适。在人际关系中，社交恐惧调适是一个值得深入探讨的主题。对于大多数人来说，在众人面前说话、与陌生人交往等场合中感到紧张是一种正常的、普遍存在的人类体验。然而，当这种紧张反应过分或不合理时，便导致了回避行为，损害了人际沟通和正常的学习、生活，同时持续了很长一段时间未能缓解，便会成为一种心理疾病。

大学生社交恐惧的表现形式较为复杂，主要包括害怕见生人、害怕见教师，特别是在人多的场合或有异性在场的情况下，更显得紧张不安、手足无措、语无伦次等。有社交恐惧的大学生往往表现出明显的焦虑和回避社交行为。这种社交恐惧主要源于对自我形象和他人评价的过度关注，以及对自身能力的怀疑和不信任。青春期是社交恐惧发展的关键期，如果得不到矫正或改善，可能会发展成为严重的社交恐惧障碍，并持续影响到成年期的心理健康。

因此，在调整心态的基础上，结合心理学的方法和技巧，可以更有效地克服社交紧张。积极的自我暗示是其中一种方法，通过每天睡前和早上起床时对自己进行积极的暗示，可以增强自信心，减少焦虑情绪。此外，冥想放松训练也是一种有效的方法，通过冥想可以帮助个体放松身心，降低焦虑水平。系统脱敏训练是一种逐步暴露的方法，通过逐步暴露自己于社交场合，让自己逐渐适应并克服恐惧。最后，学习人际交往技巧也是非常重要的，通过学习相关知识和参加培训课程，可以提高自己的社交能力，增强与他人的沟通能力。

二、心理健康教育中的团体辅导

（一）团体心理辅导的认知

团体心理辅导，“又称团体心理咨询，是相对一对一的个体心理辅导而言的，是一种在团体情境下提供心理援助与指导的一种咨询形式，由领导者根据成员问题的相似性或成员自发组成课题小组，通过共同商讨、训练、引导，解决成员共同的发展或心理问题”①。

团体心理辅导的优越性在于将团体作为一个微型社会，为成员提供一个宽松的环境，在充满理解与支持的团体氛围中，参与者愿意尝试各种选择性的行

① 刘勇．团体心理辅导与训练［M］．广州：中山大学出版社，2007：6.

为，探索自己与其他人相处的方式，学习有效的社会技巧；团体成员之间能讨论彼此之间的相互察觉，并获得其他成员在团体中对其察觉的反馈，使之经由别人的观点来审视自己；培养成员的信任感与归属感，从对团体的信任到信任周围的其他人，从对团体的归属感扩延到对学校、社会的认同感与归属感。团体心理辅导可用来满足各种特殊群体的需要，是当代发展最快的心理咨询和治疗的形式之一。

1. 团体心理辅导的功能

“团体心理辅导之所以被广泛应用是因为它具有积极的功能，一个人要了解自己、改变自己、实现自我最有效的途径就是以团体为媒介，在团体历程中进行学习与探索”[①]。一般而言，团体心理辅导具有发展性功能、教育性功能、预防性功能以及治疗性功能四个方面。

（1）发展性功能。团体心理辅导的发展性功能主要体现在促进个体全面发展方面。团体辅导提供了一个开放的环境，成员可以在其中进行情感的交流、行为的模仿、观念的接受与转变。这种开放的环境有助于改善团体成员的不成熟态度与行为，引导他们更好地理解自我与他人，培养健全的人格。特别是在学校等教育机构中，团体心理辅导对于学生的成长发展至关重要。它能够激发学生的自我认知与接纳，提高他们的人际交往技能，增强自信心与未来展望。团体心理辅导强调团体成员之间的互动与学习，通过分享、反思、探索等过程，成员在辅导中不断发展与成长。这种主动的学习过程有助于成员自我评估与自我改善，进而提升个体的认知水平与情感稳定性。因此，团体心理辅导在促进成员全面发展、提高个体素质方面发挥着重要作用。

（2）教育性功能。团体心理辅导是一个借助互动学习而获得自我发展的过程。在团体中，成员之间的互动，促使个体更好地理解社会规范、适应社会生活，培养相互尊重与理解的态度。团体成员通过信息交流、模仿他人、创造与实践等活动，不仅学习到知识，更重要的是学会了如何与他人相处，如何解决问题，以及如何发展个人潜能。团体心理辅导还有助于培养个体的社会性。在团体中，成员需要学会倾听、合作、分享，这些都是在社会生活中必备的技能。通过这种集体互动，个体能够更好地适应社会环境，增强自我意识与社会责任感，从而实现德智体美劳全面发展。

（3）预防性功能。团体心理辅导具有预防心理问题的功能，它可以通过促

---

① 刘视湘，朱小茼，贺双燕. 团体心理辅导实务 [M]. 北京：首都师范大学出版社，2015：3.

进成员之间的交流与合作，提高个体的心理健康水平，减少心理问题的发生。首先，团体心理辅导可以加深成员对自我和他人的了解。在团体中，成员可以分享自己的经历与感受，借此认识到自己的优点与缺点，从而更好地进行自我调适。成员之间的互动也能帮助他们理解他人，增进彼此之间的理解与包容，减少因误解而产生的冲突。其次，团体心理辅导为成员提供了一个共同探讨问题的平台。在团体中，成员可以一起分析、讨论各自面临的困难与挑战，并共同寻找解决问题的方法。这种集体智慧的运用，有助于成员更好地应对生活中的各种挑战，增强个体的心理韧性。

（4）治疗性功能。团体心理辅导还具有治疗性功能。在团体中，个体可以借助他人的支持与理解，共同面对自己的问题与困扰。团体成员之间的互动能够使个体感到被接纳与理解，从而减轻他们的心理负担。团体活动的情景与日常生活较为接近，这有助于成员更好地将辅导中学到的技能与策略运用到日常生活中。在团体中，个体的问题或困扰可以得到其他成员的反馈与澄清，从而使个体更清晰地认识到自己的问题所在，并找到解决问题的途径。通过团体心理辅导，个体能够感受到集体的力量与支持，增强自我调适的能力，减轻或消除心理问题带来的困扰。

2. 团体心理辅导的主要原则

团体心理辅导作为一种集体心理健康治疗的方式，在实践中需要遵循一系列基本原则，这些原则保障了团体成员的权益，促进了团体治疗的有效性和成功性。下面从多个方面，深入探讨团体心理辅导的原则。

（1）保密原则。保密性不仅是建立起团体信任关系的前提，也是团体成员能够自由表达内心感受的保障。在团体开始时，领导者应明确告知每位成员保密的重要性，并制定相关的保密规则。这包括承诺不在任何场合透露成员的个人隐私，同时在需要使用团体案例进行研究、发表或教学时，必须征得成员同意并保护其隐私。保密原则的核心在于尊重每个团体成员的隐私权，从而建立起一个安全、信任的环境，使成员能够更加开放地参与辅导活动。

（2）专业原则。团体心理辅导需要由经过心理学专业训练的人员负责，他们应该具备丰富的经验和专业知识来引导团体的发展。在实施团体辅导时，必须事先制订周详的实施计划，并对团体的过程和效果进行客观评估和记录。这种专业性保证了团体辅导活动的有效性和可靠性，使得团体成员能够在专业的指导下获得更好的帮助。

（3）民主原则。民主的原则有助于维持团体的秩序和凝聚力，使团体成员在轻松的氛围中平等参与。团体领导者应以一个团体成员的身份，尊重每位成员，并鼓励他们发挥自己的创见，与他人平等沟通，共同关心团体的发展。在民主原则的指导下，团体成员能够更好地融入团体，增强对团体的归属感，从而更好地实现治疗目标。

（4）共同原则。团体辅导是针对团体成员共同的问题而组织的，因此在整个辅导过程中，需要始终关注成员的共同兴趣和共同问题。领导者应该促进成员之间的互动与合作，使团体成员之间形成共同的信念、利益和目标，从而达到更好的治疗效果。通过共同原则，团体成员能够建立起紧密的联系，相互支持，共同应对生活中的挑战。

（5）启发引导原则。团体辅导的目标在于帮助成员自助，因此在实施过程中，应该本着鼓励、启发、引导的原则。领导者应该尊重每个团体成员的个性特点，鼓励他们发表自己的观点，重视团体内的平等交流，适时提出问题，激发成员的思考能力，培养他们分析和解决问题的能力。通过启发引导原则，团体成员能够更好地认识自己，找到解决问题的途径，从而提高心理健康水平。

（6）发展原则。领导者应该从发展变化的观点看待团体成员的问题，将发展的眼光贯穿于整个团体治疗过程中。这不仅包括对问题的动态考察和解决，还包括对团体成员个体和整体的发展。领导者需要善于运用发展的观点来指导团体的发展，从而促进团体成员的个人成长和整体改善。

（7）综合原则。综合原则要求团体领导者了解并综合运用各种理论和方法，根据团体的特点和辅导的目标，选择合适的技术进行实施。团体心理辅导涉及多种理论和方法，因此仅仅局限于某种理论和方法往往难以取得满意的效果。领导者需要灵活运用各种技术，以达到团体心理辅导的目标。通过综合原则，团体成员能够获得更加全面和有效的治疗。

3. 团体心理辅导的特征分析

团体心理辅导是一种重视和利用人类乐群性本质特征的心理辅导方法，其广泛的应用范围，使其成为一种经济、有效的干预方式。相较于个别心理辅导，团体心理辅导展现出四个主要优势：其一，具有强大的感染力和广泛的影响性；其二，高效节省时间和精力；其三，易于巩固和迁移效果；其四，特别适用于人际关系适应不良的个体。这些优势体现了团体心理辅导的特征，具体表现为以下八个方面：

（1）团体心理辅导注重在团体中建立信任氛围，以促进成员之间态度和情感的分享。通过在团体中建立信任关系，成员们可以更自由地表达自己的感受和想法，这种信任氛围也会延伸到日常生活中，促进更健康的人际关系。

（2）团体心理辅导有助于增进个体的自我接纳和自我尊重。在团体中，个体通过与他人的互动和反馈，逐渐认识到自己的价值和独特之处，从而提升自我接纳和自尊感。

（3）团体心理辅导提供了一个探索生命价值和人生哲学的平台。通过与他人分享和讨论，团体成员可以澄清自己的生命目标和价值取向，从而更加深入地了解自己的内在需求和动机。

（4）团体心理辅导培养了个体容忍他人并接受不同个体的能力。在团体中，成员们会遇到不同的观点和生活方式，学会尊重和接纳这些差异，从而促进团体内部的和谐和融洽。

（5）团体心理辅导帮助个体学会解决问题和做出正确决策的技巧，并接受这些决定的结果。通过在团体中与他人分享问题和挑战，个体可以获得不同的视角和建议，从而更加全面地考虑问题，并做出更明智的选择。

（6）团体心理辅导提高了个体对他人需求的敏感度。通过与他人的互动和分享，个体可以更好地理解他人的情感和需要，从而增强同理心和沟通技巧。

（7）团体心理辅导增强了个体关心他人的能力。在团体中，成员们会共同分享彼此的喜怒哀乐，从而培养出更加关爱和支持他人的态度。

（8）团体心理辅导教会个体将团体中学到的经验和技能运用到日常生活中。通过在团体中学习解决问题和应对挑战的技巧，个体可以更好地应对日常生活中的各种困难和挑战，从而提升生活质量。

（二）团体心理辅导准备工作

团体领导者带领团体辅导先要做好准备，充分的准备是成功的一半。如果没有任何准备，在带领团体辅导的过程中缺乏方向和目标，也不清楚团体会给成员带来哪些改变，就失去了带领团体辅导的意义，因此，团体心理辅导的准备工作很重要。

1. 团体心理辅导准备的阶段

在团体心理辅导准备阶段有两项重要工作：一是设计团体方案。要根据成员的发展需求，设计有助于他们问题解决和行为改变的团体辅导方案，要根据成员的需要来设计团体方案；二是组织和招募成员。有方案就像有指南针和导航图，知道怎么来带领一群人，有一群人才能实施团体辅导。可以用“三个P”来概括准备工作，每个团体领导者在带领团体辅导前都必须考虑“三个P”（person、purpose、process）。第一个P是指团体成员。谁适合参加这个团体，他的心理发展特点和需求有哪些，在生活中面临的困扰有哪些，引发困扰的因素，他的期望有哪些。第二个P是指团体目标。带领这个团体的原因，想让成员在团体中发生怎样的变化，用哪些方法能促进变化发生，期望经由团体达到怎样的目标。第三个 P 是指团体过程。怎样安排、设计、带领团体；团体实施的方法丰富多样，可以安排简短的讲解活动（10—15 分钟），或者播放视频、组织讨论、组织团体练习和活动等。

2. 团体心理辅导准备的任务

（1）确定团体领导者。确定团体领导者就是确定谁来带领这个团体，以及团体领导者的背景、专业训练方向、理论取向、过往经验等。确定团体领导者后，可以开始考虑团体要达成怎样的目标。

（2）拟定团体辅导目标。拟定团体辅导目标就是确定带领这个团体想达到怎样的目的，要帮助哪类人，促成哪些改变。团体辅导目标特别重要，团体领导者需要根据目标来设计团体辅导方案和确定团体成员。团体辅导目标还有评估团体效果的功能。

（3）设计团体辅导方案。团体辅导目标确定后，团体领导者需要设计团体辅导方案。“团体辅导方案设计是团体领导者必备的能力，也是团体辅导准备阶段最重要的任务。有了团体辅导方案，团体领导者才能更有方向地带领团体，促进团体成员的积极改变”①。

（4）确定团体成员。团体成员的选择必须符合团体目标，团体领导者需要确定成员人数、团体规模、怎样招募和确定成员。可以通过设计广告来招募成员，招募以后甄选；也可以在班级辅导中以班级为单位整班参加。设计广告是招募的前提，也可以用手机应用程序招募。

（5）安排团体辅导场地。在团体辅导中，不管是心理环境还是物理环境，都会影响团体动力。虽然团体动力是成员之间关系的一种呈现，但是物理环境一样重要，要特别精心地挑选和安排适合团体辅导的场地。充分考虑场地的大小、环境的整洁、隔音的程度、私密的空间、椅子的舒适度、室温的高低、灯光的亮度等。一般场地要宽敞，能够活动得开，但是也不能太大，太空旷让人感到不安全，太狭窄让人感到压抑。如果是小规模的团体需要有 8—10 个围成圈的椅子；如果是超过 20 人的团体，需要更大的空间，既可以大团体活动，也可以分成多个小团体交流。

（6）组织团体辅导预备会。组织团体辅导预备会的目的是让准备进入团体的人理解团体辅导这种体验式、互动式、参与式的学习方法与教师讲授式的课程有哪些不同，需要怎么参与，需要做好哪些准备，以便积极投入团体辅导。

① 樊富珉. 团体辅导与危机心理干预 [M]. 北京：机械工业出版社，2021：36.

一般单次的团体辅导较少安排预备会，但对于多次、连续的团体辅导，需要团体课开预备会，而不是直接进入团体辅导。

三、心理健康教育与团体辅导的融合

心理健康教育是一种通过系统的、有计划的方式，向个体传授心理健康知识、技能和态度，以提高其心理健康水平的过程。而团体辅导则是在一个团体环境中，由专业的辅导员引导下，通过集体讨论、互动和体验，帮助团体成员解决心理问题、提升心理素质的过程。

心理健康教育与团体辅导的融合，可以被理解为将两者的优势结合起来，形成一种更加综合、有效的心理健康干预方式。心理健康教育可以为团体辅导提供理论支持和知识基础。通过心理健康教育，团体成员可以了解到心理问题的常见特征、应对方法等知识，这为他们在团体辅导中的参与和互动提供了更加清晰的认识和理解。例如，一些心理健康教育课程可以介绍情绪管理的基本原则，这些原则可以在团体辅导中被深入探讨和应用。

团体辅导为心理健康教育提供了实践平台和情境模拟。在团体辅导中，个体可以通过参与各种活动和互动，将所学的心理健康知识应用到实际生活中，并在实践中不断地加深理解和掌握。例如，在一个团体辅导活动中，通过角色扮演或小组讨论，团体成员可以模拟出各种情境，从而更好地理解并应用心理健康教育中所学到的技能。心理健康教育与团体辅导的融合，还可以促进团体成员之间的互动与支持。团体辅导强调团体的互动和支持作用，成员之间通过分享经历、倾听彼此的问题与困惑，不仅可以获得情感上的支持，也可以获得认知上的启发和建议。而心理健康教育则可以为这种互动提供理论和知识的支持，帮助团体成员更好地理解和应对彼此的心理问题。

第三节　混合式教学与心理健康教育的关系

一、混合式教学对心理健康教育的促进作用

混合式教学是一种整合了传统面对面教学和在线学习元素的教学模式，其对心理健康教育的促进作用日益受到关注。下面从提供更加个性化的学习路径、增强学生的自主学习能力，以及促进学生之间的交流与协作三个方面展开论述。

第一，提供更加个性化的学习路径。混合式教学通过在线学习平台提供了更加灵活、多样化的学习资源，有助于满足不同学生的个性化学习需求。在心理健康教育中，学生的心理状态、学习兴趣、学习能力等方面存在差异，采用混合式教学可以根据学生的实际情况调整课程设置，提供更加贴近个体需求的学习内容。例如，在线学习平台可以根据学生的兴趣爱好和学习风格推荐相关课程或资料，让学生在自主选择的过程中找到适合自己的学习路径。对于心理健康教育课程，不同学生可能对于焦虑、抑郁、人际关系等方面有不同的关注点，通过混合式教学的个性化设置，可以使学生更加主动地参与学习，提高学习的效果和满意度。

第二，增强学生的自主学习能力。混合式教学强调学生的主动参与和自主学习，有利于培养学生的自主学习能力，从而提升其心理健康水平。在混合式教学中，学生可以根据自己的时间和进度安排学习，通过在线学习平台获取学习资源，自主学习和思考。这种学习方式有助于培养学生的自我管理能力和学习动机，提高他们解决问题的能力和应对压力的能力。对于心理健康教育来说，学生需要不断地进行自我反思和探索，培养积极的心理素养和解决问题的能力。通过混合式教学，学生可以在个性化的学习环境中更好地发展这些能力，从而更好地应对日常生活和学习中的各种挑战。

第三，促进学生之间的交流与协作。混合式教学提供了多种交流和协作的途径，有助于学生之间的交流互动和合作学习。在线学习平台可以设置讨论区、在线论坛、小组项目等功能，学生可以在这些平台上进行课程讨论、分享学习心得、共同完成作业等活动。在心理健康教育中，学生之间的交流和互动，对于心理健康的促进具有重要意义。通过与同学交流、分享心理体验和解决问题，学生可以感受到他人的支持和理解，增强自我认同感和归属感。合作学习也有助于培养学生的团队合作能力和社交技能，为其未来的人际交往打下良好的基础。

二、心理健康教育在混合式教学中的应用

心理健康教育在混合式教学中的应用是混合式教学模式的重要组成部分，其设计和实施影响着教育效果和学生心理健康水平。下面从设计符合心理发展规律的线上课程内容、利用线上平台开展心理健康辅导和咨询，以及结合线下活动提升心理健康教育效果三个方面展开探讨。

（一）设计符合心理发展规律的线上课程内容

心理健康教育的线上课程内容应当根据学生的心理发展规律和特点进行设计，注重内容的科学性、系统性和实用性。例如，针对不同年龄段的学生，可以设计相应的心理健康教育课程，包括情绪管理、人际关系、压力应对等方面的内容，内容涵盖面广泛，有针对性。

在线上课程内容设计上，可以采用多媒体教学手段，包括文字、图片、视频等形式，丰富教学资源，增加学生的学习兴趣和参与度。同时，还可以设置在线测评和反馈机制，及时了解学生的学习情况和心理状态，对学生进行个性化的指导和辅导。

（二）利用线上平台开展心理健康辅导和咨询

线上平台为心理健康辅导和咨询提供了便利的渠道，可以满足学生随时随地的需求，提供及时的支持和帮助。在混合式教学中，可以设置在线咨询师团队，为学生提供心理健康咨询和辅导服务，解答学生的心理困惑和问题。

通过线上平台进行心理健康辅导和咨询，可以保护学生的隐私，减少心理咨询的社会压力和情感压力，使更多的学生愿意寻求帮助。同时，线上平台还可以记录学生的心理咨询历史和成长轨迹，为学校和家长提供更加全面的了解和支持。

（三）结合线下活动提升心理健康教育效果

线下活动是混合式教学的重要组成部分，可以通过举办心理健康讲座、主题沙龙、心理健康周等形式，拓展学生的心理健康教育体验和参与度。这些活动既可以促进学生之间的交流和互动，也可以增强学生的心理健康意识和能力。例如，学校可以邀请专业心理学家、心理健康专家进行线下讲座和交流活动，为学生提供专业的心理健康知识和技能培训；组织学生参加心理健康知识竞赛、心理健康公益活动等，增强学生的团队合作能力和社会责任感。

第四节　混合式教学对心理健康教育模式的改进与优化

一、混合式教学对心理健康教育模式的改进

（一）教学内容的丰富与更新

混合式教学模式为心理健康教育带来了内容的丰富性与更新性。首先，引入多元化的心理健康主题是改进教学内容的关键之一。传统的心理健康教育往往局限于焦虑、抑郁等常见主题，而混合式教学可以将更多元的主题引入课堂，如心理韧性、自尊、人际关系等，以满足学生不同的需求和兴趣。其次，结合时事热点是教学内容更新的重要途径。通过及时结合社会热点话题，如疫情期间的心理健康问题、社交媒体对青少年心理的影响等，使教学内容更贴近学生生活，提升教学内容的时效性和实用性。最后，引入案例分析和角色扮演等互动形式，不仅可以增加教学的趣味性，还可以使学生更容易理解抽象的理论知识。通过真实案例的分析，学生可以更加深入地了解心理健康问题的产生和解决方式，从而增强其实践能力和解决问题的能力。

（二）教学方法的创新与优化

混合式教学模式的出现为教学方法的创新与优化提供了机遇。首先，利用在线视频、音频和动画等多媒体教学资源，可以使抽象的概念更加形象化、生动化，提高学生的学习兴趣和专注度。例如，通过展示实际案例的视频，让学生直观地了解心理健康问题的表现和处理方式。其次，引入在线讨论、小组协作和角色扮演等互动性强的教学方法，可以促进学生之间的交流和合作，激发学生的学习热情。在线讨论可以让学生在虚拟空间中进行思想碰撞，分享彼此的见解和经验；小组协作可以培养学生的团队精神和合作能力；角色扮演可以让学生身临其境地体验不同角色的心理状态，增强他们的情感体验和共情能力。最后，利用大数据和人工智能技术进行个性化学习推荐和评估，可以根据学生的学习情况和特点，为其量身定制学习计划和内容，提高教学的针对性和效果。例如，通过学习平台收集学生的学习数据，分析其学习习惯和偏好，然后根据这些数据为学生推荐适合其水平和兴趣的学习资源和活动。

（三）教学资源的拓展与整合

混合式教学模式还为教学资源的拓展与整合提供了平台。首先，建立心理健康教育线上资源库，可以收集整理各种心理健康教育资源，包括教材、课件、案例、视频等，为教师和学生提供丰富的学习资料和参考资源，方便其随时随地获取。其次，整合校内外心理健康教育资源，形成合力，可以充分利用各方资源，避免资源浪费和重复建设。学校可以与心理健康机构、社会组织等建立合作关系，共同开展心理健康教育活动，共享资源和经验，实现资源优势互补，提高教育效益。最后，利用网络平台进行资源共享和交流，可以促进教师之间的交流合作，分享教学经验和教材资源。教师可以通过在线论坛、社交媒体等平台交流心得体会，互相启发，共同进步。学生也可以通过这些平台分享学习体会和心得感悟，形成良好的学习氛围，共同促进心理健康教育的发展。

二、混合式教学对心理健康教育模式的优化

（一）教师培训与发展

教师在混合式教学中的角色至关重要。为了更好地适应混合式教学的需求，提升教师的信息化素养和心理健康教育能力显得尤为重要。首先，教师需要掌握现代技术工具，了解如何有效地利用数字资源和在线教学平台。其次，教师需要具备心理健康教育方面的专业知识，包括心理健康问题的识别、干预和辅导技能。鼓励教师参与混合式教学的设计与实施，可以通过提供相关的培训课程和工作坊来实现，这些培训应当包括理论知识的传授以及实际操作的演练，以帮助教师熟练掌握混合式教学的方法和技巧。

建立教师交流与学习平台是非常必要的，可以促进经验分享与能力提升。这样的平台可以包括线上和线下的教师社群、专业研讨会、教学沙龙等形式，让教师们有机会交流彼此的教学经验、分享教学资源、讨论教学问题，从而不断提升自身的教学水平和心理健康教育能力。

（二）学生参与与支持

学生在混合式教学中的积极参与是教育成功的关键之一。引导学生积极参与混合式学习，提升自主学习能力是重要任务之一。通过为学生提供个性化的学习路径和资源，激发他们的学习兴趣和主动性，培养他们的自主学习能力。关注学生的学习需求和反馈，及时调整教学方案，提供个性化的支持是至关重要的。这可以通过定期的学习反馈、个性化的学习计划、定制的学习资源等方

式来实现。

混合式教学也为学生提供了更多展示自己、交流合作的机会，培养学生的团队协作和沟通能力，提升心理健康素养。在混合式学习中，学生可以通过小组讨论、在线协作平台等方式与同学们进行互动，共同解决问题、交流心得，从中培养团队合作意识和有效沟通能力，增强学生的社交技能和心理健康素养。

（三）技术支持与服务

技术支持和基础设施建设是混合式教学顺利进行的基础保障。加强技术支持，包括提供专业的技术培训、建立技术支持团队等，可以帮助教师和学生更好地掌握和应用教学技术。建设完善的基础设施，包括网络设备、多媒体教室等，可以为混合式教学提供良好的硬件条件。

提供便捷的学习工具和平台也是非常重要的，可以通过优化学习管理系统、开发适合混合式教学的在线学习工具等方式来提升学生的学习体验。建立健全的技术服务体系，及时解决师生在使用过程中遇到的问题，可以有效提高教学效率，保障混合式教学的质量和稳定性。

第五节　混合式教学在心理健康教育中的长远影响

一、混合式教学对学生心理健康素养的影响

心理健康素养是指个体在面对生活压力、解决问题、自我意识和自我调节等方面的能力。其内涵包括对情绪的认知与管理、压力应对能力、人际交往技能、自我意识与自我实现等。心理健康素养的提升不仅仅是解决心理问题，更是塑造一个全面健康的个体。

混合式教学为学生提供了更加自主和灵活的学习方式。混合式教学注重互动和合作，通过线上线下结合的教学模式，促进了学生之间的合作与交流，提高了学生的人际交往能力。混合式教学注重个性化教学，根据学生的不同需求和兴趣设置不同的学习任务，有利于激发学生的学习动力和自主学习能力，进而增强其自我意识和自我实现能力。

学生心理健康素养的提升对其未来发展具有重要意义。首先，心理健康素养的提升，有助于学生更好地应对生活中的各种挑战和压力，提高其抗挫折能

力和适应能力，从而更好地适应未来的社会生活。其次，良好的心理健康素养有助于学生建立良好的人际关系，提高其沟通能力和合作能力，为其未来的职业发展奠定基础。最后，学生心理健康素养的提升有助于其更好地认识自己、发挥自己的潜能，实现自我价值，从而更加成功和幸福地生活。

二、混合式教学对心理健康教育模式的影响

第一，混合式教学对心理健康教育模式的推动作用。混合式教学为心理健康教育模式的创新与发展提供了新的途径和可能性。传统的心理健康教育模式主要以课堂教学为主，往往难以满足学生的个性化需求。混合式教学结合了线上线下的优势，可以更好地满足学生的个性化需求，提供更加灵活多样的教学方式；通过线上资源的丰富性和互动性，使心理健康教育更加生动和具体，提高学生的学习积极性和学习效果。

第二，心理健康教育模式的创新路径与方向。混合式教学为心理健康教育模式的创新提供了新的思路和方向。未来，可以进一步开发基于混合式教学的心理健康教育课程，结合线上线下资源，设计更加丰富多样的教学内容和教学活动，提高学生的学习兴趣和学习效果；加强线上资源的开发和利用，开发更加个性化和互动性强的学习平台和教学工具，为学生提供更加便捷和有效的学习环境。

第三，心理健康教育模式对未来教育的启示。心理健康教育模式的创新对未来教育具有重要启示。未来教育应该注重个性化教学和多元化教学方式的结合，为学生提供更加灵活多样的学习方式和学习资源；注重培养学生的自主学习能力和合作精神，提高其学习动力和学习效果。最重要的是，应该将心理健康教育纳入教育体系的核心内容，加强对学生心理健康的关注和培养，为其全面发展打下坚实的基础。

三、混合式教学对促进教育公平与普及的影响

第一，混合式教学在促进教育公平中的作用。混合式教学在促进教育公平方面具有重要作用。传统的课堂教学往往受到师资和地域等因素的限制，导致教育资源的不均衡分配，使得部分学生无法获得优质的教育资源。混合式教学通过线上资源的利用，可以弥补地域和师资方面的不足，为学生提供更加丰富和优质的教育资源，从而减少教育资源的不均衡分配，促进教育公平。

第二，心理健康教育普及程度的提升。混合式教学还可以提高心理健康教育的普及程度。传统的心理健康教育往往只能覆盖部分学生，混合式教学可以

通过网络平台，将心理健康教育的内容传播到更广泛的范围，使更多的学生受益于心理健康教育。混合式教学可以提高心理健康教育的时效性和针对性，根据学生的实际需求和反馈及时调整教学内容和教学方式，提高心理健康教育的实效性和影响力。

第三，对社会心理健康水平的提升作用。混合式教学的推广和应用将对社会心理健康水平的提升起到积极作用。心理健康教育的普及将使更多的人具备心理健康知识和技能，增强社会公众的心理健康意识，提高大众对心理健康的重视程度，进而促进社会心理健康水平的提升。这将为构建和谐社会、促进人的全面发展提供重要保障，对社会的长远稳定和可持续发展具有重要意义。

混合式教学在心理健康教育中的长远影响，不仅体现在学生心理健康素养的提升、心理健康教育模式的创新与发展，还表现在教育公平与普及的推进。混合式教学为心理健康教育注入了新的活力和动力，将对未来教育和社会发展产生深远而积极的影响。

第五章　混合式教学在心理健康教育中的应用

随着信息技术的飞速发展，教育领域正经历着一场深刻的变革。混合式教学作为这场变革的先锋力量，以其独特的教学理念和灵活的教学模式，正在逐步改变传统的教学格局。特别是在心理健康教育中，混合式教学凭借其强大的资源整合能力和创新的教学方式，为心理健康教育带来了前所未有的发展机遇。鉴于此，本章重点围绕线上教育与心理健康教育资源的构建与利用、线下心理健康教育活动的组织与实施、线上线下混合式教学与心理健康教育模式创新展开论述。

第一节　线上教育与心理健康教育资源的构建与利用

一、线上教育与心理健康教育资源的构建

线上教育与心理健康教育资源的构建是当今社会关注的重要议题之一。随着网络技术的飞速发展，人们对心理健康的关注日益增加，“线上学习强有力地弥补了线下学习的不足，如何有效地解决相关的问题是广大教育工作者需要努力探究的内容”①。下面探讨如何构建高质量的线上心理健康教育资源，以满足社会的需求。

第一，构建线上心理健康教育资源需要具备专业性和权威性。这意味着资源的内容应基于科学理论和实证研究，具有可信度和可靠性。例如，心理学领域的权威机构和专家可以提供关于心理健康的最新研究成果和临床实践经验，为线上教育资源提供专业支持。

第二，线上心理健康教育资源的构建需要考虑受众的多样性和个性化需求。不同年龄、性别、文化背景和心理健康状况的人群可能有不同的需求和偏

① 黄鹏秀. 线上学习与学生心理健康教育干预研究［J］. 新课程，2021（36）：239.

好。因此，资源的设计应尽量满足不同受众的需求，采用多样化的内容形式和教学方法，如文字、图片、视频、互动式课程等，以增强资源的吸引力和可访问性。

第三，线上心理健康教育资源的构建还需要注重互动性和参与性。传统的心理健康教育往往是单向传播知识，而线上教育平台可以通过在线讨论、互动问答、个性化测试等方式，促进学习者的参与和反馈。这不仅可以提高学习者的学习积极性和动机，还可以促进知识的消化和应用，从而更好地达到教育的目的。

第四，构建线上心理健康教育资源需要重视资源的可持续性和更新性。随着科学研究的不断进展和社会需求的变化，心理健康知识也在不断更新和完善。因此，线上教育平台应建立起持续更新的机制，及时更新和调整资源内容，以保持资源的时效性和前沿性。

二、线上教育与心理健康教育资源的利用

线上教育与心理健康教育资源的利用是促进心理健康教育有效传播和实施的关键。在当今信息化社会，线上教育平台为人们提供了便捷、灵活的学习方式，成为心理健康教育的重要途径之一。下面我们探讨如何充分利用线上教育资源来促进心理健康教育的发展。

第一，线上教育资源可以实现心理健康知识的广泛传播。通过互联网的全球化特性，心理健康教育资源可以跨越地域和时空的限制，覆盖更广泛的受众群体。无论是城市还是农村、发达国家还是发展中国家，只要有网络接入，人们就可以随时随地获取心理健康知识，提高自身的心理健康意识和素养。

第二，线上教育资源可以提供个性化的学习体验。通过智能化的学习系统和个性化推荐算法，线上教育平台可以根据学习者的需求和兴趣，推荐符合其水平和偏好的学习内容和资源。这种个性化的学习体验可以更好地满足学习者的需求，提高学习效率和满意度。

第三，线上教育资源还可以促进心理健康教育的互动和交流。通过在线讨论、社交平台和虚拟社区，学习者可以与同行和专业人士进行交流和分享，共同探讨心理健康问题，分享经验和建议。这种互动和交流可以促进学习者之间的情感支持和信息交流，增强学习效果和社会支持。

第四，线上教育资源还可以提供实践和应用的机会。通过在线模拟和虚拟实验，学习者可以在虚拟环境中进行实践和体验，提高实际操作能力和解决问题的能力。线上教育平台还可以提供实践指导和辅导服务，帮助学习者将理论知识应用到实际生活中，解决实际的心理健康问题。

第二节　线下心理健康教育活动的组织与实施

一、线下心理健康教育活动的组织

线下心理健康教育活动的组织是心理健康促进工作中至关重要的环节。通过有效组织，可以实现资源整合、目标明确、参与广泛、效果显著等目标。在这个部分，主要从活动主题、组织者、场地选择和宣传策略等方面进行探讨。

第一，活动主题的选择。活动主题的选择应当紧密围绕当地心理健康需求和受众特点。通过调查研究等方式了解目标受众的心理健康问题及其关注点，结合当地实际情况确定活动主题。活动主题既要具有吸引力，引发共鸣，又要具有实用性和可操作性，能够引导受众积极参与。

第二，组织者的选择。组织者是活动成功举办的关键。在选择组织者时，应考虑其具备一定的心理健康知识和组织能力，同时要有责任心和敬业精神。可以邀请心理健康专家、社会工作者、志愿者等作为组织者，他们能够为活动提供专业指导和支持。

第三，场地选择。场地选择直接关系到活动的顺利开展和受众的舒适参与。应当选择环境舒适、交通便利、设施完善的场所，如学校、社区活动中心、公共图书馆等。同时要考虑场地容量，确保能够容纳所有参与者，并保证活动的安全性和隐私性。

第四，宣传策略。宣传策略是活动吸引受众的重要手段。可以采取多种宣传途径，如制作宣传海报、利用社交媒体、通过学校、社区等渠道发布宣传信息等。宣传内容要突出活动的主题、时间、地点、参与方式等信息，同时引起受众的兴趣和关注，提高活动的知晓度和参与度。

二、线下心理健康教育活动的实施

（一）线下心理健康教育活动的实施过程

线下心理健康教育活动的实施是将组织好的计划付诸实践的过程。在实施阶段，需要充分利用各种资源，采取有效的方法，确保活动的顺利进行和取得预期效果。

第一，活动流程设计。活动流程设计是活动实施的基础。在设计活动流程时，应该考虑到活动的目标、主题和受众特点，合理安排时间和内容。可以采取讲座、小组讨论、互动游戏、情景模拟等形式，以增加活动的多样性和趣味性，促进受众的参与和学习。

第二，资源整合。在活动实施过程中，需要充分整合各种资源，包括人力资源、物质资源和信息资源等。可以邀请心理健康专家、志愿者等提供支持，利用现有的教育资源和宣传渠道，以及利用现代科技手段，如网络直播、短视频等，扩大活动的影响范围和受众群体。

第三，参与者引导。参与者引导是活动实施中的重要环节。在活动中，应该注重引导参与者积极参与、主动思考、分享经验，建立良好的互动氛围。可以通过提问、案例分析、角色扮演等方式，引导参与者深入思考和交流，增强学习效果和实践能力。

第四，效果评估与跟进。活动实施后，需要及时对活动效果进行评估和总结，并进行跟进工作。可以采用问卷调查、观察记录等方式，收集参与者的反馈意见和建议，评估活动的满意度和学习效果。根据评估结果，及时调整和改进活动内容和方式，为下一次活动的开展提供参考和借鉴。

（二）线下心理健康教育活动的注意事项

第一，注重内容的吸引性，将知识生动形象地展现出来让学生理解，而不是一味灌输。

第二，注意学生的年龄阶段和群体特征，用合适的方法进行教学。

第三，线下更多的是针对学生，与学生面对面进行教与学，需要额外注意沟通方式和教学方法。

第四，要用好 PPT，做一个简洁又不失趣味的 PPT 是吸引学生兴趣的前提。

第五，线下课堂更适合做各种集体小活动，可以更好地调动学生的积极性。

第六，授课过程中一定要和学生融为一体，带动学生不断探索体验。

第七，线下授课作为一种传统的授课方式，对于教师的随机应变能力有更高的要求，教师的课前准备活动（包括课件、音视频素材等）都要准备充分，并且最好有“plan B”以应对一些突发状况，并且在心理健康教育这门课程中，要注意课堂活动的设计，考虑教室、人员对活动可行性的影响，也对教师的综合能力要求较高。

第八，课堂教学教师与学生面对面交流，教师能够根据课堂氛围，灵活调整教学侧重点，线下课程可以通过教师与学生、学生与学生的互动，交流相互学习，更能激发孩子的学习兴趣，加深学生对知识的掌握程度。

第三节　线上线下混合式教学与心理健康教育模式创新

随着信息技术的迅速发展，教育领域也在不断进行着变革与创新。其中，线上线下混合式教学模式作为一种新型教学方式，逐渐受到广泛关注与应用。在此背景下，结合心理健康教育，不仅可以提高教学效果，还能更好地促进学生的身心健康发展。本节就线上线下混合式教学与心理健康教育模式的创新进行探讨与分析。

一、线上线下混合式教学模式的特点

第一，教学资源丰富。线上线下混合式教学将传统教学与网络教学相结合，教学资源更加丰富。学生可以通过网络平台获取到丰富的学习资料、视频课程和交互式学习工具，以及在线讨论和作业提交功能。

第二，灵活性与个性化。这种教学模式强调学生自主学习和学习路径的个性化。学生可以根据自己的学习进度和兴趣选择学习内容和时间，提高学习的灵活性和个性化程度。

第三，互动性增强。通过线上平台，学生和教师之间的互动更加便捷。学生可以通过在线讨论、问题反馈等方式与教师进行互动，提高学习的互动性和参与度。

二、心理健康教育模式的创新

第一，教育内容与心理健康。在线上线下混合式教学中，可以将心理健康教育融入各个学科的教学内容中，让学生在学习知识的同时，培养积极的心态和良好的心理素质。

第二，情感管理与个性发展。通过线上线下混合式教学，学生在与教师和学生的互动中，可以学习到情感管理和人际交往的技巧，促进个性发展和人际关系的健康发展。

第三，心理健康服务与支持。线上线下混合式教学中，学校可以提供心理健康服务与支持，如心理咨询、心理辅导等，帮助学生解决学习和生活中的心理问题，提高心理健康水平。

三、线上线下混合式教学与心理健康教育的优势

“互联网时代下，学校学生心理健康教育迎来新机遇，互联网发展也在不断地冲击学生的心理，导致互联网时代下的心理健康教育面临更大挑战”[①]。为了发挥互联网时代线上线下融合教学优势，学校和教师需要有效分析线上线下融合开展心理健康教育的价值，根据当前心理健康教育线上线下教学开展问题，合理探究心理健康教育发展方式。具体从以下方面探讨：

第一，教育效果提升。线上线下混合式教学能够充分利用网络资源，提高教学效果和学习质量。融合心理健康教育模式，能够培养学生积极的心态和健康的心理素质，进一步提升教育效果。

第二，学生自主学习能力提升。这种教学模式注重学生的自主学习，培养了学生的学习能力和学习兴趣，提高了学生的自主学习能力。

第三，心理健康水平提升。通过心理健康教育的融入，学生的心理健康水平得到有效提升，有助于缓解学习压力，保持良好的心态。

综上所述，线上线下混合式教学与心理健康教育模式的创新为教育领域带来了新的发展机遇。这种教学模式不仅能够提高教学效果，还能够促进学生的心理健康发展。然而，需要注意的是，教育者需要进一步深化教学模式的改革，注重培养学生的自主学习能力和心理健康水平，以更好地适应现代社会的发展需求。

① 梁优子，史景惠，梁智勇．互联网时代线上线下融合心理健康教育模式研究［J］．公关世界，2022（17）：99.

第六章　混合式教学与心理健康教育的智慧融合

混合式教学作为这场变革的重要组成部分，以其独特的教学理念和灵活的教学方式，为传统教育模式注入了新的活力。本章重点围绕提升教师混合式教学与心理健康教育能力的途径、构建良好的混合式教学与心理健康教育环境的策略、混合式教学与心理健康教育智慧融合的未来发展趋势进行研究。

第一节　提升教师混合式教学与心理健康教育能力的途径

一、提升教师混合式教学的途径

“混合式教学已成为高校教学新常态，如何有针对性地提升教学能力值得每一位高校教师深思”①。为了更好地适应混合式教学的发展，教师们需要不断提升自己的教育理念、教学设计与实施能力以及技术支持与应用能力。下面分别从这三个方面进行探讨，以指导教师更好地实践混合式教学。

（一）教育理念更新与知识储备

在混合式教学中，教师的教育理念需要与时俱进，不断适应教育技术和教学模式的发展。首先，教师应认识到混合式教学注重学生的主动学习和自主思考，而不是传统意义上的知识传授。其次，教师应关注学生的个性化学习需求，通过多样化的教学方式满足不同学生的学习需求。最后，教师应强调合作学习和互动学习，通过团队合作和交流促进学生之间的合作与共同成长。

为了提升混合式教学所需的知识储备，教师需要掌握混合式教学的相关理论知识和技能。这包括但不限于教育技术、课程设计、教学评价等方面的知

① 宋宇辰. 适应混合式教学的高校教师教学能力提升途径探索［J］. 科技视界，2021（24）：164.

识。教师可以通过自主学习、参加专业培训等方式不断提升自己的知识水平。例如，可以利用网络资源、教育平台、学术期刊等途径获取最新的教育技术资讯和研究成果，也可以参加相关的线上线下培训课程，提升自己的教学能力。

（二）教学设计与实施能力

混合式教学设计的核心是充分结合线上和线下教学资源，设计出高效、灵活的教学方案。首先，教师应遵循基本原则，包括课程目标明确、学习资源丰富、教学活动多样、评价方法科学等。其次，教师应根据学生的学习特点和课程需求，设计出合适的线上线下教学活动，如线上讲解、线下实验、小组讨论等。最后，教师应在实施过程中关注学生的学习情况，及时调整教学策略，保障教学效果。

在教学设计中，教师应注重课程内容的优化和教学资源的整合。教师可以选择合适的教学平台和工具，如 Moodle、Canvas 等，将课程内容进行组织和管理，并结合教学需求选择合适的教学资源，如教学视频、网络课件、在线测验等。教师应根据学生的学习情况设计出具体的教学活动，如分组讨论、案例分析、实践操作等，以激发学生的学习兴趣和主动性。

在教学实施过程中，教师需要注意引导学生积极参与，保障教学效果。教师可以通过及时反馈、个性化指导等方式激发学生的学习兴趣和动力，同时关注学生的学习表现，及时调整教学策略，提高教学效果。

（三）技术支持与应用能力

混合式教学离不开现代信息技术的支持，教师需要熟练掌握相关的技术手段和工具。首先，教师需要熟悉常用的教学平台和工具，如视频会议软件、在线教学平台等。其次，教师需要了解教学软件和应用，如录制课程视频、设计在线测验等。最后，教师需要具备基本的网络技能和信息安全意识，保障教学过程的顺利进行。

为了提升信息技术应用能力，教师可以通过多种途径进行学习和实践。首先，教师可以参加相关的培训课程，学习教学平台和工具的基本操作和应用技巧。其次，教师可以利用网络资源和社交媒体，了解最新的教育技术动态和应用案例，拓宽自己的视野和知识面。最后，教师可以积极参与教育科技的研究和实践，探索教育技术与教学实践的结合，提升教学水平和创新能力。

在技术应用中，教师可能会遇到一些问题，如技术设备故障、网络不稳定等。针对这些问题，教师应采取相应的解决方案，如备用设备备份、提前测试网络连接等，保障教学过程的顺利进行；加强与技术支持部门的沟通和合作，及时解决技术问题，保障教学效果和教学质量。

二、提升心理健康教育能力的途径

心理健康教育在当今教育领域日益受到重视，而教师作为学生心理健康教育的主要实施者，其自身的专业知识与技能对于有效开展心理健康教育至关重要。下面从心理健康专业知识与技能、学生心理状况识别与评估，以及心理健康干预与辅导能力三个方面进行探讨，以指导教师提升心理健康教育能力。

（一）心理健康专业知识与技能

教师需要深入了解心理健康专业知识和技能，以更好地开展心理健康教育工作。首先，教师需要理解心理健康的基本概念和原理，包括但不限于心理发展、心理健康与心理问题的定义、心理疾病的分类与特征等。其次，教师需要学习心理健康教育的相关理论和方法，包括心理健康教育的基本原则、策略和技巧等。最后，教师需要了解心理健康教育的实施过程和评价方法，以确保心理健康教育的有效性和可持续性。

为了提升心理健康专业水平，教师可以通过多种途径进行学习和提高。首先，教师可以选择参加心理学或心理健康教育相关的专业课程和培训，系统学习相关知识和技能。例如，可以学习心理学导论、心理健康教育原理、心理咨询技巧等课程。其次，教师可以阅读心理学和心理健康教育方面的专业书籍和期刊，了解最新的研究成果和实践经验。最后，教师可以参加相关的学术研讨会和专业交流活动，与同行进行经验分享和互动交流，不断提升自己的专业水平。

（二）学生心理状况识别与评估

教师需要具备识别学生心理问题的能力，并进行初步评估，以及时发现和帮助解决学生的心理困扰。首先，教师需要关注学生的行为和情绪变化，包括学习动力、人际关系、情绪表达等方面的变化。其次，教师需要借助心理评估工具和方法，对学生的心理状况进行初步评估。常用的评估工具包括心理问卷、个案访谈、观察记录等。最后，教师需要综合分析评估结果，判断学生是否存在心理问题，并采取相应的干预措施。

在评估过程中，教师需要注意一些问题和策略。首先，教师需要保持客观和谨慎的态度，不偏不倚地进行评估工作。其次，教师需要尊重学生的隐私权和个人权利，确保评估过程的保密性和安全性。最后，教师需要及时与学生及其家长或监护人进行沟通，共同探讨解决方案，促进学生的心理健康发展。

（三）心理健康干预与辅导能力

教师在心理健康干预和辅导中扮演着重要的角色，需要具备一定的干预和辅导能力。首先，教师需要了解心理健康干预的基本原则和方法，包括但不限于心理支持、认知行为干预、解决问题技能等。其次，教师需要学习心理咨询和团体辅导等技能，以应对不同学生的心理问题和需求。最后，教师需要关注心理健康干预和辅导过程中的伦理和法规问题，确保干预行为的合法性和道德性。

在干预和辅导过程中，教师可以运用多种方法和技巧，帮助学生解决心理问题。首先，教师可以采用心理支持和倾听技巧，倾听学生的内心感受和需求，为他们提供情感支持和安慰。其次，教师可以运用认知行为干预技巧，帮助学生调整不良的心理认知和行为习惯，促进其积极应对和解决问题。最后，教师可以开展团体辅导和心理教育活动，促进学生之间的互动和支持，共同解决心理问题，提升心理健康水平。

在干预和辅导过程中，教师需要注意一些伦理和法规问题。首先，教师需要遵守相关的职业道德规范和法律法规，不得越权干预学生的心理问题。其次，教师需要尊重学生的自主权和选择权，不得强行干预学生的个人生活和决策。最后，教师需要保护学生的隐私权和个人信息安全，不得泄露学生的个人隐私和心理状况。

第二节　构建良好的混合式教学与心理健康教育环境的策略

在当今社会，教育的角色不再局限于传授知识，而更加注重培养学生的全面发展。随着社会的变革和科技的发展，教育形式也在不断更新，混合式教学作为一种新兴的教学模式，逐渐受到广泛关注，心理健康教育的重要性也逐渐被人们所认识和重视。本节探讨如何构建良好的混合式教学与心理健康教育环境的策略。

一、整合线上线下教学资源

混合式教学的核心在于整合线上与线下教学资源，以提供更加全面的学习体验。“线上课要想达到线下课的教学效果，就需要教师将线下教学的方式方法与线上教学有效衔接”①。

第一，学校可以将心理健康教育内容纳入线上教学平台，为学生提供随时获取和学习的机会。这样，学生在课余时间或需要时可以方便地接触到相关知识，提高心理健康意识。

第二，在线下教学中，可以穿插心理健康教育内容，如在课堂讨论、实验或实践活动中引入相关知识，让学生在实践中学习和成长。通过将理论知识与实践相结合，学生能够更深入地理解和应用所学内容。

第三，通过线上线下相结合的方式，开展心理健康主题活动和项目实践。这些活动可以是线上讨论、线下实地考察，或者是线上线下相结合的项目展示与分享，从而增强学生的学习体验和互动性。

二、创新教学模式和方法

为了更好地实现混合式教学与心理健康教育的融合，创新的教学模式和方法是必不可少的。

第一，采用多样化的教学方法，如案例教学法、角色扮演法等，以激发学生的学习兴趣和积极性。通过实际案例的分析和角色扮演的演练，学生能够更加深入地理解心理健康相关知识，并培养批判性思维和问题解决能力。

第二，利用先进技术如虚拟现实、增强现实等，为学生创造沉浸式的学习体验。例如，利用虚拟现实技术模拟心理健康场景，让学生身临其境地体验并学习相应的应对方法，从而提高学习效果。

第三，注重培养学生的自主学习能力、协作能力和创新精神。通过设置问题解决型任务、小组合作项目等形式，激发学生的学习动力和合作意识，培养他们在实践中主动探索、合作交流的能力。

三、营造良好的文化氛围

良好的文化氛围是混合式教学与心理健康教育的重要支撑，它能够促进学生的全面发展。

第一，倡导积极向上的校园文化，培养学生的健康心态和良好品质。学校可以通过举办主题讲座、心理健康知识竞赛等活动，引导学生树立正确的人生观、价值观，提高他们的心理素质和抗压能力。

---

①李颖，王博雅. 线下、线上语文教学有效衔接的几点做法 [J]. 黑河教育，2021（9）：28.

第二，举办丰富多彩的校园文化活动，丰富学生的课余生活和精神世界。这些活动可以是文艺表演、体育竞赛、手工制作等形式，既满足学生的娱乐需求，又培养他们的兴趣爱好和社交能力。

第三，鼓励学生参与社会实践和志愿服务活动，培养学生的社会责任感和公民意识。通过参与志愿活动、社区服务等形式，学生能够增强对社会的认知和责任心，培养他们的团队合作精神和社会责任感。

综上所述，构建良好的混合式教学与心理健康教育环境，需要整合线上线下教学资源、创新教学模式和方法以及营造良好的文化氛围。通过这些策略的实施，学校能够为学生提供更加丰富全面的教育体验，促进他们的全面发展和健康成长。

第三节　混合式教学与心理健康教育智慧融合的未来发展趋势

当代教育的迅速发展，使得混合式教学和心理健康教育成为备受关注的话题。混合式教学以其融合线上和线下教学资源的特点，为学生提供了更加多样化和灵活的学习方式；而心理健康教育则旨在培养学生的心理健康意识和能力，以促进其全面发展。如何将这两者融合，为学生提供更加综合全面的教育体验，成为当前教育领域的热门议题。下面从整合智能技术、建立跨学科合作、倡导个性化教育、强化评估机制等方面，探讨混合式教学与心理健康教育智慧融合的未来发展趋势。

第一，整合智能技术。未来混合式教学与心理健康教育的发展将更加依赖于智能技术的整合和应用。随着人工智能、大数据、虚拟现实等技术的不断发展，这些技术将成为教育的重要支撑。首先，智能化的教学平台将为学生提供个性化的学习路径和学习资源。通过智能算法分析学生的学习情况和心理状态，系统可以为每个学生量身定制学习计划和心理健康辅导方案，以满足不同学生的需求。其次，虚拟现实技术将为心理健康教育提供更加真实的体验。学生可以通过虚拟现实场景，体验不同的心理健康状态和应对方式，以增强其心理健康意识和应对能力。最后，大数据分析将为教育评估提供更加科学的依据。通过对学生学习行为和心理健康数据的分析，系统可以及时发现学生的学习和心理问题，并给予个性化的指导和支持。

第二，建立跨学科合作。未来混合式教学与心理健康教育的融合将需要跨学科合作的支持。教育、心理学、计算机科学等不同学科的专家需要共同合作，共同探索教育与心理健康融合的新模式。首先，跨学科团队可以共同设计智能化的教学平台和心理健康辅导系统。教育学家可以提供教学理论和方法的支持，心理学家可以提供心理健康知识和辅导技巧，计算机科学家可以提供技术支持和系统开发。其次，跨学科合作可以推动心理健康教育的内容与教学实践的深度融合。通过心理学专家和教师的共同努力，可以将心理健康教育内容融入不同学科的教学中，使之与学科知识相互贯通，增强学生的综合能力。最后，跨学科合作可以促进教育资源的共享与整合。不同学科的专家可以共同开发教学资源和心理健康教育课程，以提供更加丰富多样的学习资源，满足学生的个性化学习需求。

第三，倡导个性化教育。未来混合式教学与心理健康教育的发展趋势将更加倾向于个性化教育的实践。个性化教育以学生为中心，重视学生的个性发展和需求，为每个学生提供最适合的学习环境和支持。首先，个性化的学习路径将成为未来教育的主流。基于学生的学习能力、兴趣爱好和心理特点，系统可以为每个学生量身定制学习路径，使之更加符合其个人的学习需求和发展方向。其次，个性化的心理健康辅导将得到更加广泛的应用。系统可以根据学生的心理健康状况和需求，为其提供个性化的心理健康支持和辅导服务，以提高其心理健康水平和适应能力。最后，个性化评估将成为教育评价的重要方向。通过对学生学习和心理健康数据的分析，系统可以为每个学生提供个性化的评价和反馈，帮助其了解自己的学习和心理健康状况，并提供相应的改进建议。

第四，强化评估机制。未来混合式教学与心理健康教育的发展，将需要建立更加科学、有效的评估机制，以确保教育质量和效果的提升。首先，建立全面的评估指标体系。除了传统的学习成绩评价外，还应包括学生的心理健康状态、学习兴趣和自我认知等方面的评估指标，以全面评价学生的学习和发展情况。其次，采用多元化的评估方法。除了定期考试外，还可以采用问卷调查、观察记录、个人访谈等方式，收集学生的学习和心理健康数据，以更全面地了解学生的情况。最后，建立及时反馈机制。评估结果应及时反馈给学生、家长和教师，以帮助他们了解学生的学习和心理健康情况，并及时调整教学和辅导策略，以提高教育效果。

参考文献

[1] 樊富珉. 团体辅导与危机心理干预 [M]. 北京：机械工业出版社，2021：36.

[2] 高存友，任秋生，甘景梨. 心理压力与调控 [M]. 北京：九州出版社，2018.

[3] 郭娟. 高校混合式教学改革与创新 [M]. 北京：中国商务出版社，2023.

[4] 黄鹏秀. 线上学习与学生心理健康教育干预研究 [J]. 新课程，2021（36）：239.

[5] 黄荣怀，胡永斌，杨俊锋，等. 智慧教室的概念及特征 [J]. 开放教育研究，2012（2）：22-27.

[6] 吉明明. 试论心理健康教育队伍的团体成长 [J]. 黑龙江高教研究，2013，31（7）：119-121.

[7] 李颖，王博雅. 线下、线上语文教学有效衔接的几点做法 [J]. 黑河教育，2021（9）：28.

[8] 李智慧. 心理咨询的理论与方法 [M]. 北京：北京理工大学出版社，2019.

[9] 梁斌. 基于云教育线上线下混合教学的研究分析 [J]. 新课程，2021（17）：27.

[10] 梁优子，史景惠，梁智勇. 互联网时代线上线下融合心理健康教育模式研究 [J]. 公关世界，2022（17）：99.

[11] 梁中锋，翟炎杰，李小娟. 基于网络学习空间的混合教学设计与实践 [J]. 中国成人教育，2018（5）：101.

[12] 刘苍劲. 新时期大学生心理健康教育实效性研究 [M]. 北京：北京师范大学出版社，2017.

[13] 刘琦. 心理咨询室应加强前瞻性身心健康指导 [J]. 教学与管理（理论版），2021（6）：71-73.

[14] 刘视湘，朱小茼，贺双燕. 团体心理辅导实务 [M]. 北京：首都师范大学出版社，2015.

[15] 刘亚敏. 积极心理学视角下高校大学生心理健康教育策略分析运用 [J]. 邯郸职业技术学院学报，2022，35（2）：68.

[16] 刘燕，谢钢. 积极心理学与高校心理健康教育 [J]. 高校教育管理，2011，5（1）：82-85.

[17] 刘勇. 团体心理辅导与训练 [M]. 广州：中山大学出版社，2007.

[18] 刘月霞，郭华. 深度学习：走向核心素养（理论普及读本）[M]. 北京：教育科学出版社，2018.

[19] 任萍，汪悦，刘冬予，等. 心理健康评估与干预的智能化应用 [J]. 北京师范大学学报（社会科学版），2022（4）：150-160.

[20] 申屠永庆，周红军. 互联网 + 学科教室：从学习空间升级到育人方式变革 [J]. 人民教育，2018（Z3）：53-56.

[21] 宋宇辰. 适应混合式教学的高校教师教学能力提升途径探索 [J]. 科技视界，2021（24）：164.

[22] 田宇. 线上线下混合式“专业英语”教学的设计与构建 [J]. 科教导刊，2020（20）：118.

[23] 王振宏，王永，王克静，等. 积极情绪对大学生心理健康的促进作用 [J]. 中国心理卫生杂志，2010，24（9）：716.

[24] 吴南中. 混合学习空间：内涵、效用表征与形成机制 [J]. 电化教育研究，2017（1）：21-26.

[25] 吴秋芬，王於琪，徐尚军. 中小学创新实验室建设的思考——以“新优质学校创建”为例 [J]. 合肥师范学院学报，2019（2）：71-74.

[26] 袁勇贵. 平衡心理治疗 [M]. 南京：东南大学出版社，2018.

[27] 张冬梅，谷丹. 大学生心理健康教育 [M]. 北京：北京邮电大学出版社，2018.

[28] 张锐. 重新审视学校心理健康教育 [J]. 中小学教师培训，2014（9）：59-61.

[29] 赵慧臣，陆晓婷. 美国 STEAM 实验室的特征与启示 [J]. 现代教育技术，2017（4）：25-32.

[30] 赵菊，李燕. 大学生心理健康教育 [M]. 武汉：武汉大学出版社，2017.

[31] 郑华. 当代大学生人际关系优化研究 [D]. 信阳：信阳师范学院，2014：21.

[32] 朱燕. 云环境下智慧教室的建设研究 [J]. 无线互联科技，2017（19）：100-102.

[33] 朱永海. 深度学习视角下混合教学系统化设计与体系化模式构建 [J]. 中国电化教育，2021（11）：77.